Report on China's Electric Power Development
2020

中国电力发展报告
2020

电力规划设计总院 ◎ 编著

人民日报出版社
北京

图书在版编目（CIP）数据

中国电力发展报告.2020 / 电力规划设计总院编著
. -- 北京 : 人民日报出版社 , 2021.7
　　ISBN 978-7-5115-7079-6

　　Ⅰ.①中… Ⅱ.①电… Ⅲ.①电力工业－工业发展－
研究报告－中国－ 2020 Ⅳ.① F426.61

　　中国版本图书馆 CIP 数据核字 (2021) 第 133402 号

书　　　名：**中国电力发展报告 . 2020**
　　　　　　ZHONGGUO DIANLI FAZHAN BAOGAO . 2020
作　　　者：电力规划设计总院

出 版 人：刘华新
责任编辑：周海燕
装帧设计：元泰书装

出版发行 人民日报 出版社
社　　　址：北京金台西路 2 号
邮政编码：100733
发行热线：(010) 65369509　65369512　65363531　65363528
邮购热线：(010) 65369530　65363527
编辑热线：(010) 65369518
网　　　址：www.peopledailypress.com
经　　　销：新华书店
印　　　刷：北京领先印刷有限公司
法律顾问：北京科宇律师事务所 010-83622312

开　　　本：889mm×1194mm　　　1/16
字　　　数：310 千字
印　　　张：12
版　　　次：2021 年 7 月第 1 版
印　　　次：2021 年 7 月第 1 次印刷

书　　　号：ISBN 978-7-5115-7079-6
定　　　价：168.00 元

序 ||||||||

　　2020 年是我国落实"十三五"规划、全面建成小康社会、打赢脱贫攻坚战的收官之年，也是我国实现第一个百年目标的冲刺之年。面临新冠肺炎疫情的严重冲击，在以习近平同志为核心的党中央统揽全局、运筹帷幄下，我国电力工业稳健前行，"十三五"规划各项任务执行良好，为做好"十四五"时期能源电力发展规划，推进我国能源清洁低碳转型，构建以新能源为主体的新型电力系统奠定了坚实的基础。

　　《中国电力发展报告 2020》是电力规划设计总院组织编写的年度电力发展报告。报告总结分析了 2020 年全国电力行业发展状况，研究行业发展态势，研判行业发展趋势，力求系统全面，重点突出，为政府决策、企业发展提供支持与服务。作为我国电力规划设计行业的"国家队"，电力规划设计总院技术力量雄厚，拥有资深的行业专业背景、多学科全产业链的综合优势。近年来，在国家发展改革委、国家能源局的领导下，电力规划设计总院和有关单位共同完成了全国电力产业政策、电力工业发展规划、全国电力体制改革等大量研究工作，为政府决策和企业发展提供了支撑。

　　编写中国电力发展报告，是电力规划设计总院践行"能源智囊、国家智库"，服务经济社会发展的有益行动。期望电力规划设计总院在新时代进一步发挥自身优势，推出更多更好的新成果，打造精品，形成系列，真实记录我国电力工业发展进程，服务政府与企业，与社会各界共享智慧、共赢发展！

中国能源建设集团有限公司董事长、党委书记

电力是关系国计民生的重要基础产业。新中国成立 70 多年来，我国电力工业快速发展，有力保障了我国经济实力提升与生态文明建设，为增强国家综合实力、推动国家从高速发展向高质量发展转变发挥了重要支撑作用。

党的十九大报告提出了构建清洁低碳、安全高效的能源体系。电力工业要深入贯彻落实党的十九大和十九届二中、三中、四中、五中全会精神，以习近平新时代中国特色社会主义思想为指导，深入贯彻"四个革命、一个合作"能源安全新战略，牢固树立创新、协调、绿色、开放、共享发展理念，全力推动电力工业高质量发展。

2011 年 10 月，国家能源局依托电力规划设计总院成立国家电力规划研究中心，开展电力规划相关研究工作。电力规划设计总院以"能源智囊、国家智库"为发展愿景，以建设"世界一流能源智库和国际咨询公司"为战略定位，竭诚为政府、行业和社会提供科学求实、客观公正的服务。《中国电力发展报告 2020》（简称《报告》）是电力规划设计总院编写的中国电力发展年度分析报告，总结概括 2020 年我国电力发展基本情况，分析研判未来一到三年主要发展趋势，深入剖析当前行业热点焦点问题，力求客观中立、重点突出。

《报告》分九个篇章，从发展环境、需求分析、电源发展、电网发展、供需形势、电力经济、电力改革、政策解读、观点汇编等多个方面，对 2020 年我国电力发展状况进行全面梳理、综合归纳；分析预测未来三年电力需求水平，在此基础上提出各类电源、各级电网发展展望；深入解读过去一年重点行业政策；在全面总结电力体制改革进展与成效基础上，分析展望近期改革重点；以专题文章形式深入剖析当前电力行业热点焦点问题。在编写方式上,《报告》力求以客观准确的统计数字为支撑,以简练的文字叙述,辅以图形图表,做到图文并茂、直观形象,旨在方便阅读、利于查检、凝聚焦点、突出重点。

《报告》在编写过程中,得到了能源主管部门、相关企业、机构和行业知名专家的大力支持和指导,在此谨致衷心的谢意。《报告》疏漏之处,恳请读者批评指正。

《中国电力发展报告 2020》编写组

2021 年 6 月

目 录
CONTENTS

序 ⋯⋯⋯⋯⋯⋯⋯⋯⋯⋯⋯⋯⋯⋯⋯⋯⋯⋯⋯⋯⋯⋯⋯⋯⋯⋯⋯⋯ 01

前言 ⋯⋯⋯⋯⋯⋯⋯⋯⋯⋯⋯⋯⋯⋯⋯⋯⋯⋯⋯⋯⋯⋯⋯⋯⋯⋯ 03

发展综述 ⋯⋯⋯⋯⋯⋯⋯⋯⋯⋯⋯⋯⋯⋯⋯⋯⋯⋯⋯⋯⋯⋯⋯⋯ 1

一 发展环境
Development Environment

1 经济发展环境 ⋯⋯⋯⋯⋯⋯⋯⋯⋯⋯⋯⋯⋯⋯⋯⋯⋯⋯ 8

1.1 国际经济发展环境 ⋯⋯⋯⋯⋯⋯⋯⋯⋯⋯⋯⋯ 8

1.2 国内经济发展环境 ⋯⋯⋯⋯⋯⋯⋯⋯⋯⋯⋯⋯ 12

2 能源发展环境 ⋯⋯⋯⋯⋯⋯⋯⋯⋯⋯⋯⋯⋯⋯⋯⋯⋯⋯ 16

2.1 能源供需形势 ⋯⋯⋯⋯⋯⋯⋯⋯⋯⋯⋯⋯⋯⋯⋯ 16

2.2 能源效率与环境 ⋯⋯⋯⋯⋯⋯⋯⋯⋯⋯⋯⋯⋯ 19

二 需求分析
Demand Analysis

1 2020 年概况 ⋯⋯⋯⋯⋯⋯⋯⋯⋯⋯⋯⋯⋯⋯⋯⋯⋯⋯⋯ 22

1.1 全国用电量 ⋯⋯⋯⋯⋯⋯⋯⋯⋯⋯⋯⋯⋯⋯⋯⋯ 22

1.2 分行业用电量 ⋯⋯⋯⋯⋯⋯⋯⋯⋯⋯⋯⋯⋯⋯ 23

1.3 分地区用电量 ⋯⋯⋯⋯⋯⋯⋯⋯⋯⋯⋯⋯⋯⋯ 30

2 未来三年电力需求预测 ················· **32**

2.1 第一产业用电预测 ·················· 32

2.2 高载能行业用电预测 ················ 32

2.3 非高载能第二产业用电预测 ·········· 33

2.4 第三产业用电预测 ·················· 34

2.5 居民生活用电预测 ·················· 35

2.6 全国用电需求预测 ·················· 35

三 电源发展
Power Generation Development

1 水电 ································· **40**

1.1 2020 年发展概况 ·················· 40

1.2 未来三年发展展望 ················· 44

2 风电 ································· **47**

2.1 2020 年发展概况 ·················· 47

2.2 未来三年发展展望 ················· 51

3 太阳能发电 ·························· **53**

3.1 2020 年发展概况 ·················· 53

3.2 未来三年发展展望 ················· 57

4 核电 ································· **60**

4.1 2020 年发展概况 ·················· 60

4.2 未来三年发展展望 ················· 61

5 气电 ································· **65**

5.1 2020 年发展概况 ·················· 65

5.2 未来三年发展展望 ················· 66

6 煤电 ································· **67**

6.1 2020 年发展概况 ·················· 67

6.2 未来三年煤电发展展望 ············· 69

7 生物质发电 ·························· **71**

7.1 2020 年发展概况 ·················· 71

7.2 未来三年发展展望 ················· 72

8 电源技术创新 ···················· **73**

8.1　掺氢 / 纯氢燃机技术 ··········· 73

8.2　燃料电池发电技术 ··············· 74

8.3　超临界 CO_2 发电技术 ········· 75

9 电源国际合作 ···················· **77**

9.1　水电 ······························· 77

9.2　核电 ······························· 77

9.3　新能源发电 ······················ 78

9.4　火电 ······························· 79

四 电网发展
Power Grid Development

1 输电网 ·························· **82**

1.1　2020 年发展概况 ·············· 82

1.2　未来三年重点输电通道展望 ······· 88

2 配电网 ·························· **90**

2.1　2020 年发展概况 ·············· 90

2.2　"十三五"发展总结 ············ 90

2.3　2021 年配电网建设 ············ 90

3 智能电网 ························ **91**

3.1　2020 年发展概况 ·············· 91

3.2　智能电网示范进展 ·············· 95

4 电网国际合作 ···················· **97**

4.1　电网项目国际合作 ·············· 97

4.2　我国与周边国家电力互联互通 ····· 97

五 供需形势
Supply and Demand Situation

1 2020 年电力供需概况 ············ **100**

2 未来三年电力供需分析 ············ **100**

2.1　2021 年电力供需形势分析 ·························· 100

2.2　2022 年电力供需形势分析 ·························· 102

2.3　2023 年电力供需形势分析 ·························· 103

六　电力经济
Power Economy

1 电源工程造价水平及预测 ·························· 106

1.1　2020 年度电源工程参考造价 ·················· 106

1.2　未来三年造价水平预测 ·························· 106

2 电网工程造价水平及预测 ·························· 109

2.1　2020 年度电网工程参考造价 ·················· 109

2.2　未来三年造价水平预测 ·························· 110

3 2020 年上网电价水平 ·························· 112

4 2020 年输配电价水平 ·························· 114

5 2020 年销售电价水平 ·························· 116

七　电力改革
Power Reform

1 改革进展 ·························· 120

1.1　电力市场建设进展与成效 ·················· 120

1.2　电力交易机构改革进展与成效 ·················· 120

1.3　配售电业务改革进展与成效 ·················· 121

1.4　输配电价改革进展与成效 ·················· 121

2 重点领域改革展望 ·························· 123

2.1　电力市场建设展望 ·························· 123

2.2　电力交易机构改革展望 ·················· 123

2.3　增量配电业务改革展望 ·················· 124

2.4　电网企业竞争性业务改革展望 ·················· 124

1《关于推进电力源网荷储一体化和多能互补发展的指导意见》

解读 ·· 126

1.1 政策背景 ·· 126

1.2 政策思路 ·· 126

1.3 政策基调 ·· 127

1.4 权责界定 ·· 128

1.5 关键要点 ·· 128

2《关于 2020 年风电、光伏发电项目建设有关事项的通知》

解读 ·· 130

2.1 政策背景 ·· 130

2.2 政策思路 ·· 130

2.3 政策要点 ·· 130

3《关于推进电力交易机构独立规范运行的实施意见》解读 ········· 133

3.1 政策背景 ·· 133

3.2 主要内容 ·· 133

3.3 相关建议 ·· 135

4《关于进一步完善抽水蓄能价格形成机制的意见》解读 ··········· 137

4.1 坚持政策稳定性和创新性并举，兼顾抽水蓄能产业发展与参与
    市场竞争之间的协调关系 ·· 137

4.2 健全激励机制，体现激励相容重要原则 ······················· 138

4.3 约束机制融入标尺竞争的基本理念 ····························· 138

4.4 首次提出考虑功能定位和服务范围的容量电费分摊原则 ······ 139

4.5 配套保障机制，为社会资本参与抽水蓄能电站建设保驾护航 139

九 观点汇编
Perspective Compilation

"碳达峰、碳中和"背景下能源电力发展路径浅析 ·················· 142

新时代新能源发展趋势与建议 ························ 145

"十四五"储能高质量规模化发展政策探讨 ·················· 149

"十四五"全国尖峰负荷控制规模研究 ···················· 154

直流输电技术创新推动西电东送高质量发展，助力"双碳"

目标实现 ······················ 159

金沙江流域多能互补发展暨风光水多能互补应用探讨 ·············· 163

"十四五"构建新型电力系统方向初探 ···················· 168

创新驱动智慧能源发展，助力智能城市建设 ················· 174

发展综述

Development Overview

2020 年对中国是极不平凡的一年，面对肆虐全球的新冠肺炎疫情，复杂多变的国内国际环境，在以习近平同志为核心的党中央坚强领导下，我国脱贫攻坚取得决定性胜利，全面建成小康社会取得伟大历史性成就，国民生产总值首次超过 100 万亿元人民币，成为当年全球唯一实现正增长的主要经济体。

2020 年，随着新冠肺炎疫情逐步得到控制，在复工复产带动下，用电需求从一季度负增长逐步恢复到第三、第四季度刚性增长。电力工业作为关系国计民生的基础性产业，2020 年，电力供应保障能力稳步夯实，为疫情防控和社会经济发展提供了坚强电力保障。一是发电装机容量持续提升，电力工业规模继续稳居世界第一，电网覆盖范围世界领先，跨区输电能力大幅提升，电网安全运行水平和供电可靠性位居世界前列；二是电力清洁低碳转型加速推进，非化石能源发展规模世界领先，水电、风电、太阳能发电、生物质发电装机均位居世界第一，在建在运核电装机居世界第二，清洁能源技术装备水平显著提升，产业体系日趋完善，化解煤电过剩产能成效显著，建成全球最大超低排放煤电供应体系；三是电力系统灵活高效水平全面提升，灵活性电源建设持续推进，电网调度运行持续优化，负荷侧响应能力持续增强，储能示范应用稳步推广；四是电力体制改革不断迈出实质性步伐，电力普遍服务水平稳步提升，电力营商环境持续改善。

一、"十三五"电力工业发展回顾

2020 年是"十三五"收官之年，电力发展"十三五"规划目标与任务基本顺利完成，安全保障能力持续增强，生产和消费结构不断优化，系统效率显著提升，体制改革和科技创新取得突破，电力工业高质量发展基础更加坚实，为新常态下经济社会转型升级和稳定发展提供了有力支撑，为"十四五"电力工业发展奠定了坚实基础。

（一）电力工业有力支撑社会经济发展与民生保障

到 2020 年底，全国发电装机突破 22 亿千瓦，完成规划目标的 139%，人均装机约 1.55 千瓦，"十三五"期间年均新增装机 1.35 亿千瓦；西电东送规模达 2.7 亿千瓦，完成规划目标的 96%，电力资源优化配置能力持续提升；全国 220 千伏及以上交流输电线路长度达 79.4 万公里，220 千伏及以上公用变电设备容量 45.2 亿千伏安；全国发电量 7.62 万亿千瓦时；全社会用电量 7.5 万亿千瓦时，人均用电量约 5357 千瓦时，"十三五"期间全社会用电量年均增速 5.7%。

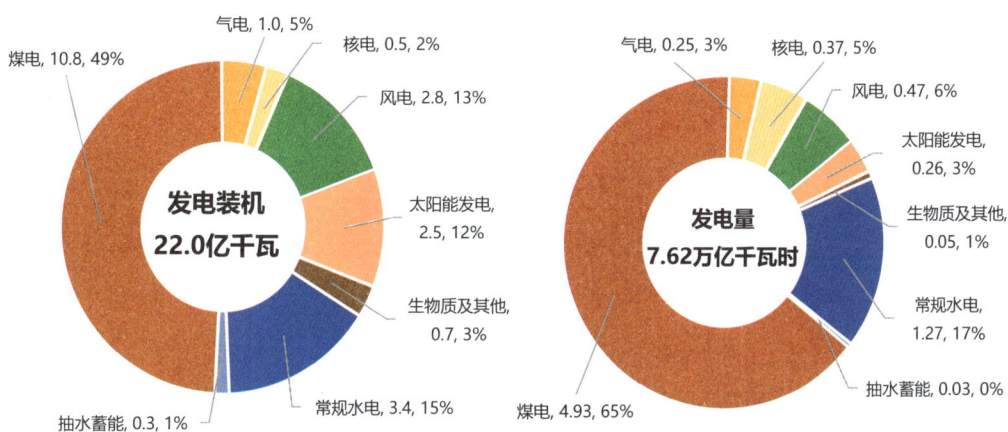

2020 年全国各类电源发电装机和发电量（亿千瓦、万亿千瓦时）

（二）电力工业绿色低碳转型成效显著

"十三五"期间，我国电力装机结构持续优化，电力工业绿色低碳转型成效显著。到 2020 年底，非化石能源消费比重达到 15.9%，超额完成"十三五"规划目标；非化石能源装机达到 9.8 亿千瓦，占全国发电总装机的 45%；水电（含抽蓄）装机达到 3.7 亿千瓦；风电、太阳能合计装机达 5.3 亿千瓦，生物质发电装机超过 2700 万千瓦，均超额完成"十三五"规划目标；煤电装机 10.8 亿千瓦，占全国发电总装机比重降至 50% 以下，"十三五"累计投产约 1.8 亿千瓦，完成"十三五"规划"2020 年全国煤电装机规模力争控制在 11 亿千瓦以内"的目标，煤电有序发展成效显著；完成煤电节能改造累计超 8 亿千瓦，完成煤电超低排放改造累计约 9.5 亿千瓦，淘汰关停不达标的落后煤电机组累计约 4500 万千瓦。

（三）电力系统灵活性、高效性全面提升

"十三五"期间，我国电力系统灵活性与调节能力持续提升。到 2020 年底，煤电灵活性改造规模达到 8241 万千瓦，抽水蓄能装机达到 3149 万千瓦，电化学储能累计规模超过 300 万千瓦。新能源布局持续优化，消纳问题持续好转，2020 年，全国风电、光伏利用率达到 96.5%、98.0%，水能利用率达 96.6%。电力系统效率不断提升，智能电网建设全面推进，电网综合线损率约 5.6%，大幅超前完成"十三五"规划目标。6000 千瓦及以上火电供电标准煤耗下降至 305.5 克 / 千瓦时。

（四）电力体制改革持续推进攻坚

"十三五"期间，电力市场建设稳步推进，全国电力市场主体范围和交易规模持续增加，到 2020 年底，全国市场化交易电量达到 3.03 万亿千瓦时，占全社会用电量 40.4%。南方（以广东起步）、蒙西、浙江、山西、山东、福建、四川、甘肃第一批 8 个现货市场试点全部完成长周期结算试运行，迈出了关键一步，取得了重要的阶段性成果。电力交易机构、市场管理委员会、调度机构的职能定位进一步厘清，逐步发挥功能作用。国家发展改革委在完善定价制度、严格成本监审的基础上，核定了第二监管周期 5 个区域电网输电价格和各省级电网输配电价，输配电价水平和结构不断趋于合理。全国增量配电试点范围进一步扩大，售电公司为用户创造价值能力持续增强。

二、"十四五"电力工业发展展望

"十四五"时期是党的十九大确定新时代"两步走"发展战略、建设现代化强国"两个十五年"新征程的第一个五年规划期，也是"碳达峰"的关键期、窗口期。我国经济已转向高质量发展阶段，将逐步形成国内大循环为主体、国内国际双循环相互促进的新发展格局。面对新形势、新要求，电力行业必须以"四个革命、一个合作"能源安全新战略为根本遵循，贯彻新发展理念，锚定碳达峰、碳中和目标，加快构建以新能源为主体的新型电力系统，为我国建设社会主义现代化国家提供绿色、安全、高效的电力支撑。

（一）加快构建以新能源为主体的新型电力系统，支撑电力工业高质量转型发展

构建以新能源为主体的新型电力系统，是中央财经委员会第九次会议提出的实现碳达峰、碳中和的重要举措。新型电力系统以清洁低碳、安全可靠、智慧灵活、经济高效为目标定位，是适应大规模高比例新能源接入、源网荷储深度融合、电力市场高效配置、满足灵活智能用电需求的电力系统。构建新型电力系统需要以安全保障为基础，以绿色低碳为引领，以高效电网为平台，以服务民生为中心，以技术创新为动力，以体制改革为保障，以国际合作为促进。"十四五"期间，通过实施一批新一代电力系统创新示范工程，推动新兴技术应用和体制机制改革创新，实现示范工程新能源消纳能力、电力供应保障水平、智慧调度运行技术和综合利用效率达到先进水平。

（二）加速电力结构绿色低碳转型，助力"碳达峰、碳中和"目标实现

为实现"碳达峰、碳中和"目标，加快能源绿色开发步伐，推动非化石能源跃升发展迫在眉睫。电力作为能源的中心环节，"十四五"期间，需要以大规模高比例新能源为主体，以水电、核电等清洁发电为支撑，以多能互补为创新发展模式，以源网荷储协同消纳为保障，着力推动电力工业绿色低碳转型。大力发展非化石能源，持续优化电力结构，构建高比例清洁能源电力系统。推动化石能源绿色低碳转型，推进煤电由主体电源向基础性、调节性电源转型。不断优化区域电网主网架，显著提升电网分区互济能力，加快提升清洁能源输送比例。统筹电源侧、电网侧、负荷侧资源，多维度提升电力系统调节能力。加快推进新型电力调度体系建立，推动多能互补、源网荷储一体化等智慧联合调度运行创新示范，稳步提升电力系统智能化运行水平。

（三）深化电力体制机制改革，为新型电力系统构建提供机制保障

"十三五"以来，新一轮电力体制改革取得了显著成效，但仍有诸多方面亟待完善，政府和市场关系有待有机协调，市场资源优化配置的决定性作用尚未显现，特别是适应大规模新能源接入、适应新型电力系统建设的电力市场体制机制尚未建立健全。"十四五"期间，需要围绕"碳达峰、碳中和"战略目标，进一步深化体制改革顶层设计，注重改革的系统性、整体性、协同性，建设与我国社会主义市场经济体制

相适应，统一完备、功能完善、竞争有序的电力市场体系。着重建立完善适应高比例新能源接入的市场机制，建立健全煤电、新型储能等电量和容量市场化价格形成机制，推进绿证交易、碳排放交易市场稳健运行，实现煤电支撑性、调节性价值充分体现，新型储能等灵活调节资源价值充分体现，清洁能源绿色价值充分体现，支撑新型电力系统建设，促进构建清洁低碳、安全高效的能源体系。

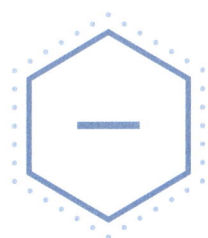

一 发展环境

Development Environment

1 经济发展环境

1.1 国际经济发展环境

2020 年，新型冠状病毒引发的肺炎疫情肆虐全球，全球公共卫生面临严重威胁，单边主义、保护主义抬头，经济全球化遭遇逆流，国际环境不稳定性不确定性明显增加，全球经济严重衰退，国际贸易深度萎缩，金融市场剧烈波动。全球经济特点总体表现为：

▣ **全球经济大幅下滑**

全球经济增速

↓ 3.3%

新冠肺炎疫情重创全球经济，各国封锁措施一度使经济大面积停摆、失业率飙升，2020 年全球经济增速下降至 −3.3%，较上年降低 6.1 个百分点，为 20 世纪 30 年代大萧条以来最严重的衰退。

```
      3.6%
                    2.8%

                                        2020年
   2018年          2019年

                                        -3.3%
```

2018~2020 年世界经济增速

数据来源：国际货币基金组织《世界经济展望》2021 年 4 月

▣ **主要发达经济体增速跌入负区间，少数新兴和发展中经济体逆势上扬**

美国（经济增速 −3.5%）、欧盟（经济增速 −6.6%）等主要发达经济体步入衰退。埃及（经济增速 3.6%）、越南（经济增速 2.9%）、中国（经济增速 2.3%）等少数新兴经济体和发展中国家经济在世界经济低迷的背景下逆势上扬，延缓全球经济下降趋势。

2020 年，随着新冠肺炎疫情全球大流行，特别是经济活动、运输、旅行等受到极大限制，全球贸易大幅下滑。根据世界贸易组织数据，全球货物贸易量萎缩 5.3%。在新冠肺炎疫情和单边主义、保护主义等多重压力之下，中国成为全球唯一实现货物贸易正增长的主要经济体，货物贸易进出口总值达 32.2 万亿元，同比增长 1.9%，其中出口 17.93 万亿元，增长 4%；进口 14.23 万亿元，下降 0.7%；贸易顺差 3.7 万亿元，增加 27.4%。

联合国贸易和发展组织发布的《全球投资趋势监测报告》显示，2020 年全球外国直接投资（FDI）大幅下降，仅为 8590 亿美元，与 2019 年的 1.5 万亿美元相比下降了 42%，较 2009 年全球金融危机低谷下降 30%。FDI 降幅集中在发达国家，流入发达国家的外国直接投资下降了 69%，仅为 2290 亿美元，是过去 25 年的最低水平。中国 FDI 逆势增长 4%，达 1630 亿美元，占全球 FDI 比例达 19%，超过美国成为全球最大外资流入国。

2020 年，新冠肺炎疫情发生以来，全球金融市场经历了剧烈波动。一季度，美国、加拿大、巴西、泰国等十余国股市因暴跌发生"熔断"。随后，发达经济体实施超宽松货币财政政策，政府债务水平再创新高，美国股票市场在实体经济尚未重启的情况下屡创新高，国际金融市场严重背离实体经济。

2020 年，世界各主要经济体经济运行情况如下：

美国

新冠肺炎疫情导致企业投资和消费者支出大幅减少，美国经济陷入二战以来最严重萎缩。中美签署第一阶段经贸协议，美国商品和服务贸易逆差为 6787 亿美元，比 2019 年增加 1019 亿美元，同比增长 17.7%。2020 年上半年经济显著下跌，下半年经济持续复苏，全年经济下降 3.5%，较上一年降低 5.7 个百分点。

全球贸易急剧萎缩

全球货物贸易量
↓ 5.3%

中国成为全球最大外资流入国

全球外商直接投资
↓ 42%

中国吸收外资总额
↑ 4.0%

国际金融市场与实体经济严重背离

全球大部分经济体出现萎缩

美国经济规模
↓ 3.5%

3.0%

2.2%

2020年

-3.5%

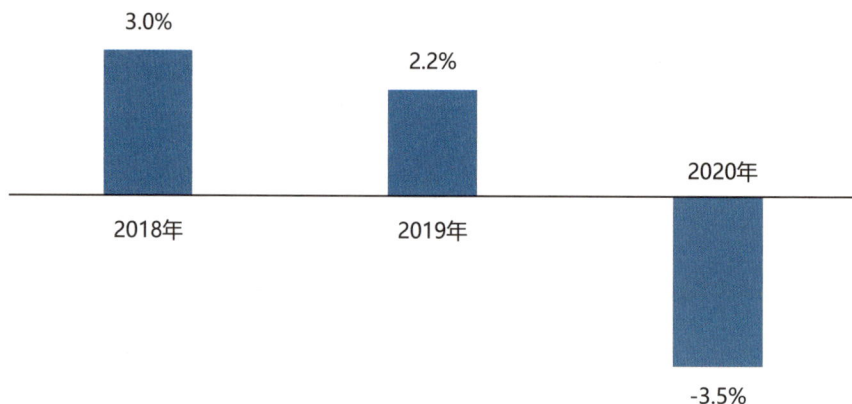

2018~2020 年美国经济增速

数据来源：国际货币基金组织《世界经济展望》2021 年 4 月

欧盟经济规模
↓ 6.6%

欧盟

受英国脱欧和新冠肺炎疫情反复等因素影响，欧盟生产活动大幅减弱，家庭消费和投资不断下滑，失业率持续攀升，财政赤字和公共债务继续扩大，经济总体疲软。2020年上半年经济严重衰退，三季度经济短暂复苏，四季度经济再度萎缩，全年经济下降 6.6%，较上一年降低 7.9 个百分点。

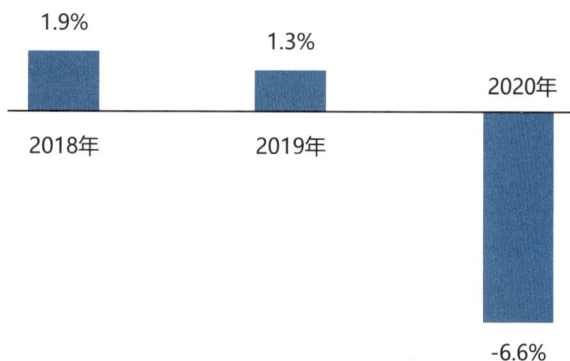

1.9%

1.3%

2020年

2018年

2019年

-6.6%

2018~2020 年欧盟经济增速

数据来源：国际货币基金组织《世界经济展望》2021 年 4 月

日本经济规模
↓ 4.8%

日本

受新冠肺炎疫情影响，入境旅游大幅下降，东京奥运会延期，日本国内个人消费、各类生产生活设

0.6%

0.3%

2020年

2018年

2019年

-4.8%

2018~2020 年日本经济增速

数据来源：国际货币基金组织《世界经济展望》2021 年 4 月

备和住宅投资大幅下滑，经济大幅萎缩。2020 年上半年经济陷入技术性衰退，下半年经济持续复苏，全年经济下降 4.8%，较上一年降低 5.1 个百分点。

金砖国家

金砖国家中，印度（经济增速 -8.0%）因控制新冠肺炎疫情不力，国内制造业和服务业活动基本停滞，就业形势惨淡，消费市场低迷，经济增长进入技术性萎缩期，成为世界主要经济体中下滑最严重国家，经济增速较上一年下降 12.0 个百分点。南非（经济增速 -7.0%）受新冠肺炎疫情影响，失业率不断攀升，消费者信心不足，吸引外资数量减半，经济持续恶化，增速较上一年下降 7.2 个百分点。巴西（经济增速 -4.1%）近年来经济活动持续低迷，同时受新冠肺炎疫情影响，服务业遭受重创，吸引外国直接投资大幅减少，外贸顺差进一步扩大，通货膨胀率达 2016 年以来最高水平，经济遭遇世纪大滑坡，增速较上一年下降 5.5 个百分点。俄罗斯（经济增速 -3.1%）受新冠肺炎疫情、全球油价大幅暴跌等因素影响，经济创 11 年来最大萎缩幅度，增速较上一年下降 5.1 个百分点。中国经济（经济增速 2.3%）虽受新冠肺炎疫情冲击，但快速稳定恢复，增速虽较 2019 年降低 3.8 个百分点，仍成为全球唯一实现经济正增长主要经济体，有力推动世界经济复苏。

印度经济规模
↓ 8.0%

南非经济规模
↓ 7.0%

巴西经济规模
↓ 4.1%

俄罗斯经济规模
↓ 3.1%

中国经济规模
↑ 2.3%

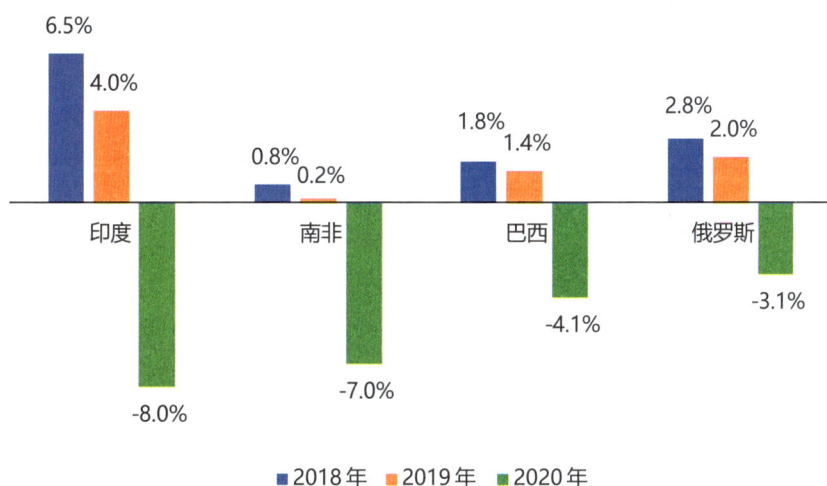

印度 6.5% 4.0% -8.0%
南非 0.8% 0.2% -7.0%
巴西 1.8% 1.4% -4.1%
俄罗斯 2.8% 2.0% -3.1%

■ 2018 年　■ 2019 年　■ 2020 年

2018~2020 年除中国外金砖国家经济增速

数据来源：国际货币基金组织《世界经济展望》2021 年 4 月

1.2 国内经济发展环境

2020 年，面对新冠肺炎疫情的严重冲击，我国统筹疫情防控和经济社会发展工作，经济运行稳定恢复。一季度工业和服务业生产下滑，市场销售减少，投资活动和货物进出口减缓；二季度到四季度，主要经济指标恢复性增长，工业服务业持续回升，投资消费不断改善。据国家统计局初步核算，2020 年国内生产总值（GDP）达到 1015986 亿元（现价），同比增长 2.3%，预计占世界经济的比重为 17.0% 左右。分季度看，一至四季度分别同比：下降 6.8%、增长 3.2%、增长 4.9%、增长 6.5%。

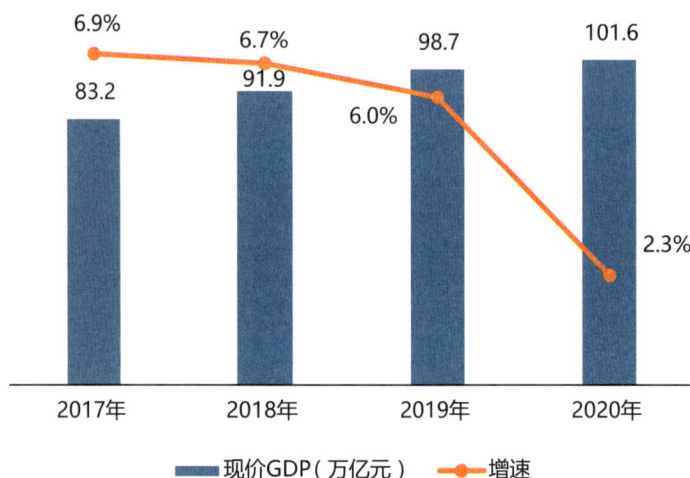

2017~2020 年中国经济增速

数据来源：国家统计局

2020 年，我国坚持稳中求进工作总基调，坚持新发展理念，"六稳""六保"落地显效，三大攻坚战成效显著，科技创新取得重大进展，改革开放实现重要突破，民生得到有力保障，全面建成小康社会取得伟大历史性成就，为开启全面建设社会主义现代化国家新征程奠定了坚实基础。主要工作及成果包括：

规模以上高技术制造业增加值同比增长
↑ 7.1%

创新动力更加强劲

重大科技成果持续涌现。"天问一号"探测器成功发射，北斗导航正式开通，"嫦娥五号"任务圆满成功，"奋斗者号"海试成功。2020年，规模以上高技术制造业增加值同比增长7.1%，比规模以上工业增加值快4.3个百分点；实物商品网上零售额同比增长14.8%。

协调发展更加凸显

区域协调发展迈出新步伐。2020年，京津冀地区生产总值86393亿元，同比增长2.4%；长江经济带地区生产总值471580亿元，同比增长2.7%；长江三角洲地区生产总值244714亿元，同比增长3.3%；粤港澳大湾区建设等区域重大战略深入实施。城乡协调发展稳步推进，城乡发展差距持续缩小。2020年，城乡居民人均可支配收入比值为2.56，较上年缩小0.08。

绿色生态更加亮丽

污染防治攻坚战阶段性目标任务圆满完成，蓝天、碧水、净土三大保卫战成效显著。2020年，全国地级及以上城市优良天数比率为87%，较上年提高5个百分点，全国 PM2.5、PM10、O_3、SO_2、NO_2、CO 平均浓度同比分别下降8.3%、11.1%、6.8%、9.1%、11.1%、7.1%；全年水质优良（Ⅰ～Ⅲ类）断面比例达83.4%，比上年提高8.5个百分点。农用地和城市建设用地土壤环境风险有效管控。生态系统质量和稳定性提高，环境"颜值"普遍提升，美丽中国建设迈出坚实步伐。

全国地级及以上城市优良天数比率为
87%

对外开放更加宽广

贸易大国地位更加巩固，外资利用表现亮眼。2020年，我国进出口规模创历史新高，货物进出口总额321557亿元，同比增长1.9%，全年贸易顺差3.7万亿元，同比增长27.4%。实际使用外商直接投资1万亿元，同比增长6.2%，其中高技术产业实际使用外资增长11.4%。

全年货物进出口总额
↑ **1.9%**

共享发展更加光明

在全党全国各族人民共同努力下，我国脱贫攻坚战取得全面胜利。2020年，按现行农村贫困标准计算，551万农村贫困人口全部实现脱贫，"十三五"时期现行标准下"农村贫困人口脱贫5575万"采用以下表现形式：国家贫困县农村居民人均可支配收入12588元，实际增长5.6%。

"十三五"时期现行标准下农村贫困人口脱贫
5575 万

中西部 22 省（区、市）建档立卡户全面实现不愁吃、不愁穿，义务教育、基本医疗、住房安全、饮水安全均有保障。

2020 年，三次产业增加值占 GDP 的比重分别为 7.7%、37.8% 和 54.5%，第二产业比重相较上年下降 0.8 个百分点，对经济增长的贡献率为 43.3%，高技术制造业和装备制造业增加值分别比上年增长 7.1%、6.6%，增速分别比规模以上工业快 4.3 个、3.8 个百分点。第三产业比重相较上年提高 0.2 个百分点，对经济增长的贡献率达 47.3%，持续成为拉动经济增长的主要动力，信息传输、软件和信息技术服务业保持 16.9% 的高速增长。

产业结构持续优化

规模以上工业中高技术制造业增加值
↑ 7.1%

装备制造业增加值
↑ 6.6%

信息传输、软件和信息技术服务业增加值
↑ 16.9%

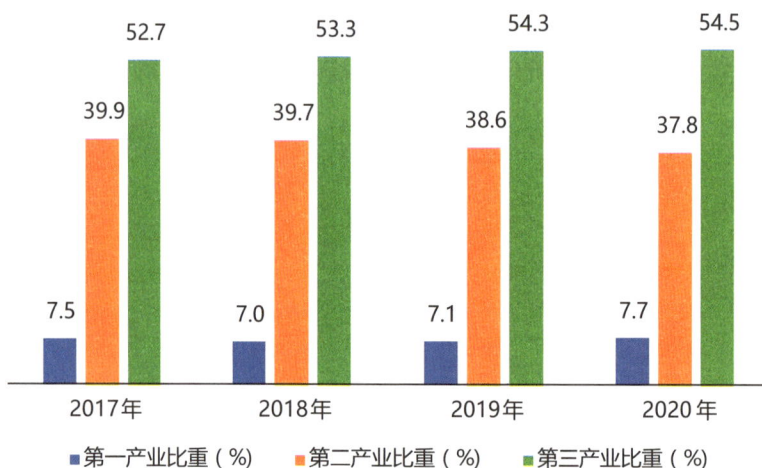

2017~2020 年中国三次产业结构

数据来源：国家统计局

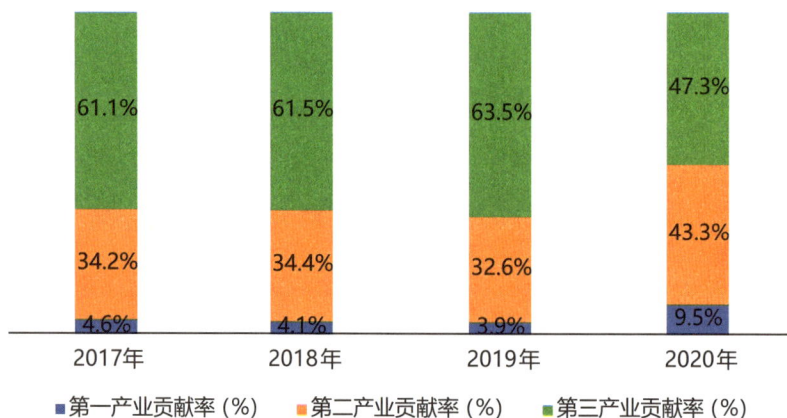

2017~2020 年中国三次产业对经济增长的贡献率

数据来源：国家统计局

2020 年，最终消费支出超过 55 万亿元，占 GDP 的比重达 54.3%；资本形成总额接近 45 万亿元，拉动国内生产总值增长 2.2 个百分点，是拉动经济增长的主要动力；货物和服务净出口接近 3 万亿元，拉动国内生产总值增长 0.7 个百分点。

2020 年，全国固定资产投资（不含农户）达到 518907 亿元，比上年增长 2.9%。高技术产业投资增长 10.6%，其中高技术制造业和高技术服务业投资分别增长 11.5% 和 9.1%。社会领域投资增长 11.9%，其中卫生、教育投资分别增长 29.9% 和 12.3%。

固定资产投资稳步回升

全国固定资产投资
↑ 2.9%

高技术产业投资
↑ 10.6%

2020 年，我国对外全行业直接投资 1329.4 亿美元，同比增长 3.3%。我国境内投资者共对全球 172 个国家和地区的非金融类直接投资 1101.5 亿美元，同比下降 0.4%。其中：对"一带一路"沿线 58 个国家非金融类直接投资 177.9 亿美元，同比增长 18.3%，占投资总额的 16.2%，较上年提升 2.6 个百分点。

对外投资平稳健康发展

对外直接投资额
↑ 3.3%

2 能源发展环境

2.1 能源供需形势

▣ 能源消费和生产平稳增长

2020 年，我国一次能源消费总量 49.8 亿吨标准煤，同比增长 2.2%，增速比上年回落 1.1 个百分点。随着我国经济社会秩序持续稳定恢复，能源需求呈逐步回升态势，四个季度的能源消费增速分别为 -3.1%、2.4%、4.1% 和 4.2%。其中，煤炭消费 40.2 亿吨，同比增长 0.6%；石油消费 6.7 亿吨，同比增长 2.3%；天然气消费 3288 亿立方米，同比增长 7.2%；电力消费 7.5 万亿千瓦时，同比增长 3.1%。

2016~2020 年能源消费总量及同比增速（亿吨标准煤）

数据来源：国家统计局

2020 年，能源企业克服疫情不利影响，积极推动复工复产，能源生产稳定增长，有力保障了能源供应和安全。

煤炭生产实现增长。煤炭企业加快释放优质产能，多措并举稳定煤炭供应，全年原煤产量 38.4 亿吨，比上年增长 0.9%，较好地发挥了煤炭作为主要能源的稳定保障作用。

油气生产加工持续增加。油气企业不断加大勘探开发力度，持续提高生产负荷，加强油气供应力度，全年原油产量 1.9 亿吨，比上年增长 1.6%，增速比上年加快 0.8 个百分点，连续两年企稳回升；天然气产量 1888.5 亿立方米，比上年增长 9.8%，增速与上年持平，连续四年增产超过 100 亿立方米。虽然受疫情影响成品油需求有所下降，原油加工企业仍充分利用"低油价"机会，保持加工负荷，全年原油加工量 6.7 亿吨，增长 3.0%。

电力生产稳步增长。电力企业积极组织复工复产，特别是在经济持续稳定恢复和年末多轮寒潮天气等因素叠加影响的情况下，不断加大电力供应力度，有效保障了民生和重点需求。全年发电量 7.6 万亿千瓦时，比上年增长 4.0%。分品种看，煤电增长 1.7%，气电增长 6.9%，水电、核电、风电、太阳能发电等清洁电力保持快速增长，分别增长 4.1%、5.0%、15.1%、16.6%。清洁电力生产比重大幅提高，水电、核电、风电、太阳能发电等一次电力生产占全部发电量比重为 32.1%，比上年提高 1.0 个百分点。

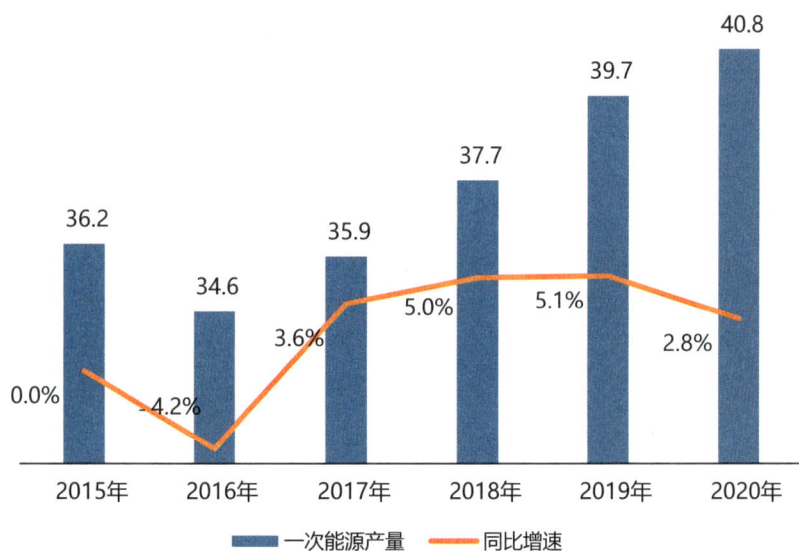

2016~2020 年能源生产总量及同比增速（亿吨标准煤）

数据来源：国家统计局

2020 年，全国能源消费结构继续优化。我国煤炭消费量占能源消费总量的 56.8%，比上年下降 0.9 个百分点；石油消费比重 18.9%，与上年

非化石能源消费占比达
15.9%

煤炭消费占比下降至
56.8%

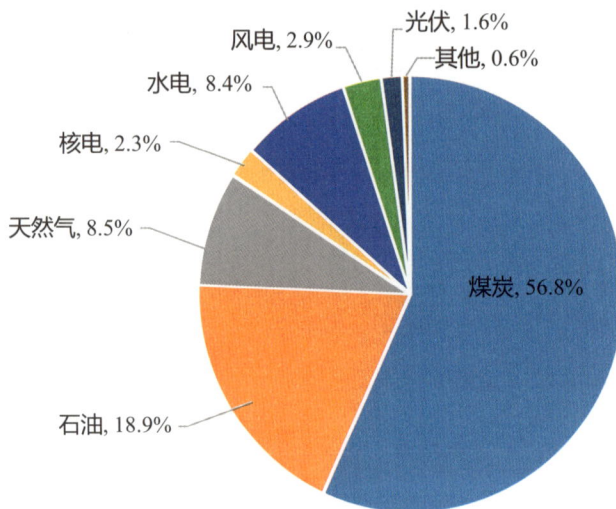

2020 年全国能源消费结构

数据来源：根据国家统计局及相关资料整理

持平；天然气消费比重 8.4%，比上年上升 0.4 个百分点；非化石能源消费量比重 15.9%，比上年上升 0.6 个百分点。实现能源发展"十三五"规划中"非化石能源消费比重提高到 15% 以上，煤炭消费比重降低到 58% 以下"的目标。

从能源生产结构来看，煤炭约占 67.7%，石油占 6.8%，天然气占 6.3%；非化石能源占 19.2%。

全国能源进口量（亿吨标准煤）

数据来源：根据国家统计局及相关资料整理

2020 年，根据国内能源供需形势，我国灵活利用国际市场，充分发挥进口补充调节作用，积极进口能源特别是油气资源，全年能源进口保持较快增长。原油进口 5.4 亿吨，比上年增长 7.3%；天然气进口 1.0 亿吨（1400 亿立方米），比上年增长 5.3%；煤炭进口 3.0 亿吨，比上年增长 1.5%。

能源国际贸易保持高位

2.2 能源效率与环境

2020 年，因受疫情影响，我国单位 GDP 能耗比上年下降 0.1%，下降放缓。规模以上工业单位增加值能耗下降 0.4%。重点耗能工业企业单位电石综合能耗下降 2.1%，单位合成氨综合能耗上升 0.3%，吨钢综合能耗下降 0.3%，单位电解铝综合能耗下降 1.0%，每千瓦时火力发电标准煤耗下降 0.6%。

单位产值能耗下降放缓

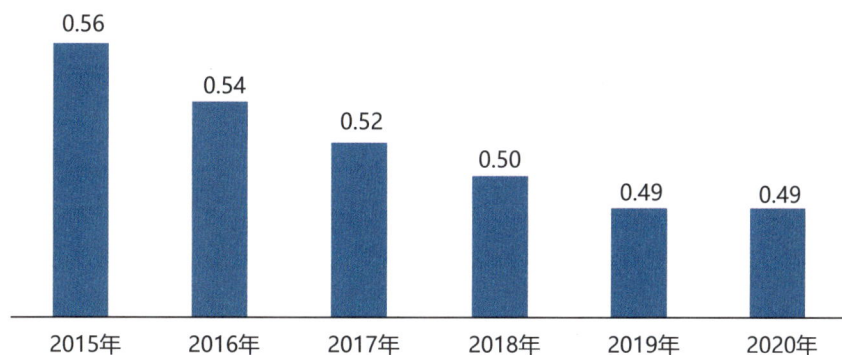

全国单位 GDP 能源消费（吨标准煤/万元）（2020 年可比价格）

数据来源：国家统计局

2020 年，全国通过化石能源消费产生二氧化碳排放量约 99.2 亿吨，同比增长 1.6%。全国万元国内生产总值二氧化碳排放约 0.98 吨/万元，较上年下降 1%，较 2005 年下降约 48.4%，实现"到 2020 年，单位国内生产总值二氧化碳排放量较 2005 年下降 40%~45%"目标。

能源清洁利用不断提升

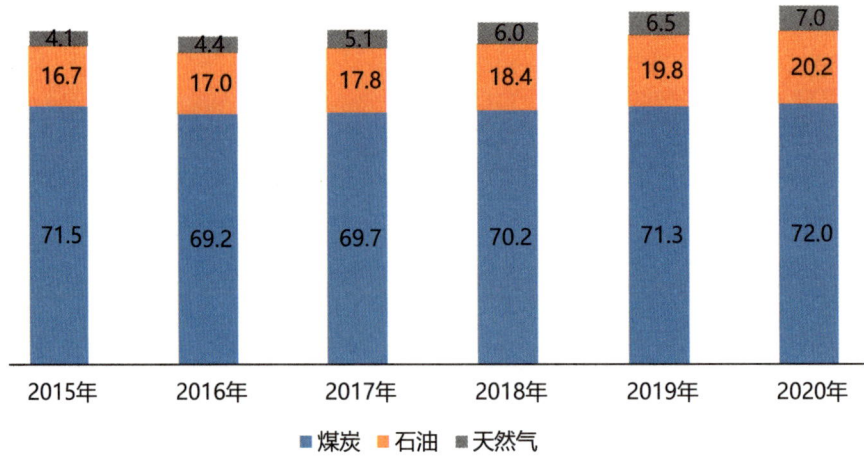

全国各类化石能源产生的二氧化碳排放量及总排放量（亿吨）

数据来源：根据国家统计局及国家发展和改革委员会和 BP 相关资料整理

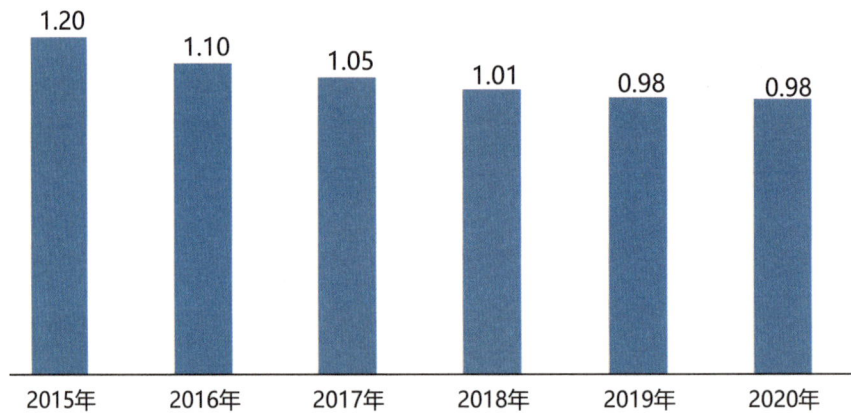

全国单位 GDP 二氧化碳排放（吨 / 万元）（2020 年可比价格）

资料来源：根据国家统计局及国家发展和改革委员会和 BP 相关资料整理

二

需求分析

Demand Analysis

1 2020 年概况

1.1 全国用电量

> 📊 我国经济率先从疫情中恢复，带动全社会用电刚性增长

全社会用电量
↑ **3.1%**

2020 年，在国际形势严峻复杂、新冠肺炎疫情冲击和上年度用电量基数较高等因素共同作用下，全社会用电量达到 7.5 万亿千瓦时，同比增长 3.1%，增速较 2019 年下降了 1.4 个百分点。分季度看，受新冠肺炎疫情影响，全社会用电量第一季度出现负增长，在全面复工复产带动下第二季度用电量增速回正，随着经济运行持续稳定恢复，第三、第四季度全社会用电量保持刚性增长。一、二、三、四季度全社会用电同比增速分别为 −6.5%、3.9%、5.8% 和 8.1%。

2020 年，伴随经济结构深入调整，用电结构持续优化，逐步由二产用电向三产和居民生活用电转移。2020 年，全社会用电结构为 1.1 : 68.2 : 16.1 : 14.6，居民生活用电比重提高 0.4 个百分点，第二产业用电下降 0.1 个百分点，受新冠肺炎疫情影响，线下批发零售、住宿、餐饮等行业受到一定冲击，影响第三产业用电比重下降 0.3 个百分点。

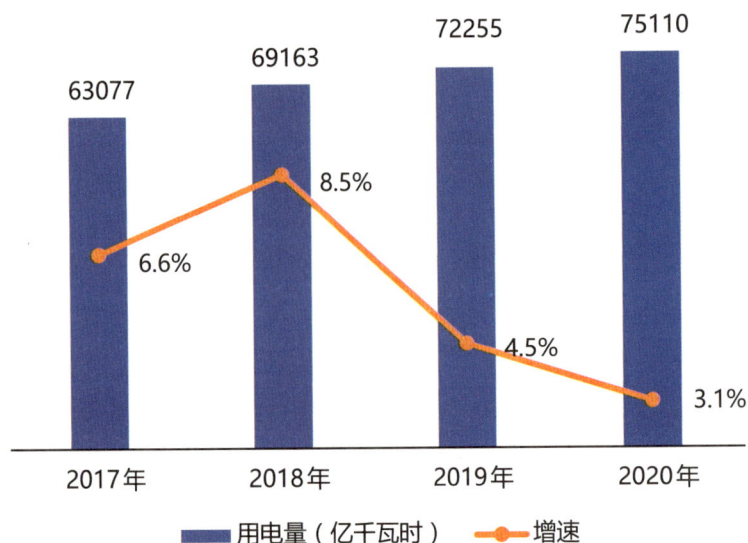

（柱状图数据）

年份	用电量（亿千瓦时）	增速
2017 年	63077	6.6%
2018 年	69163	8.5%
2019 年	72255	4.5%
2020 年	75110	3.1%

■ 用电量（亿千瓦时）　—●— 增速

2017~2020 年全社会用电量

数据来源：《电力工业统计资料汇编》（2020 统计快报）

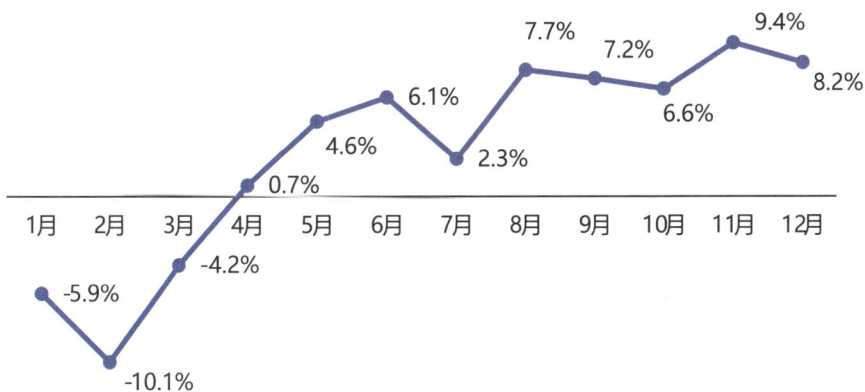

2020 年全社会逐月用电增速

数据来源：《电力工业统计资料汇编》（2020 统计快报）

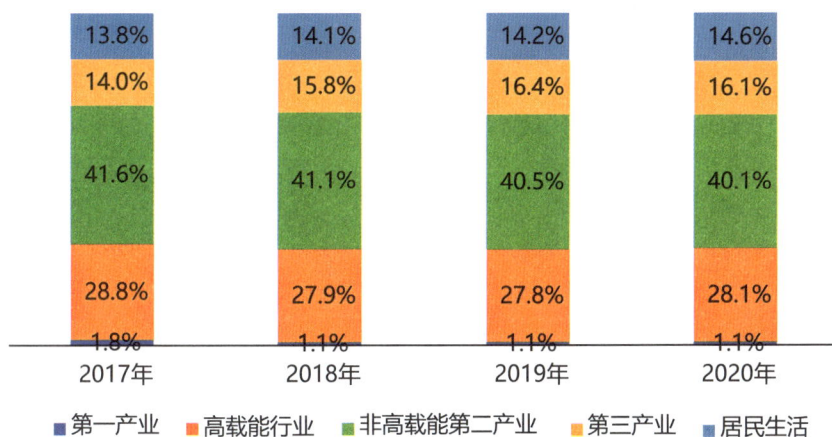

2017~2020 年全社会用电结构

数据来源：《电力工业统计资料汇编》（2020 统计快报）

1.2　分行业用电量

2020 年，我国第一产业用电 859 亿千瓦时，同比增长 10.2%，较上年同期增速提高 5.7 个百分点。第二产业用电 51215 亿千瓦时，同比增长 2.5%，较上年同期增速下降 0.6 个百分点，对全社会用电增长的贡献率为 55.5%。第三产业用电 12087 亿千瓦时，同比增长 1.9%，较上年同期增速下降 7.6 个百分点，对全社会用电增长的贡献率为 9.8%。居民生活用电 10950 亿千瓦时，同比增长 6.9%，较上年同期增速提高 1.2 个百分点，对全社会用电增长的贡献率为 31.2%。第二产业用电量拉动全社会用电增长 1.7 个百分点，居民用电量拉动全社会用电增长 1.0 个百分点。

> **第二产业与居民生活用电是拉动全社会用电量增长的主要动力**
>
> 第二产业用电对全社会用电增长贡献率
> **55.5%**
>
> 居民用电对全社会用电增长贡献率
> **31.2%**

第一产业用电
10.2% ↑

1. 第一产业用电

2020 年，畜牧业、渔业与农业用电量均保持较快增长速度，林业用电量出现负增长，其中畜牧业用电量增速达 22.0%，渔业、农业用电量增速分别为 9.0% 和 5.8%，林业用电量增速为 −7.9%。一、二、三、四季度第一产业用电分别同比增长 4.0%、11.9%、11.6% 和 12.0%。在畜牧业的高用电增速带动下，2020 年第一产业用电量呈中高速增长，增速较去年同期增加了 5.7 个百分点，对全社会用电增长的贡献为 3.5%。

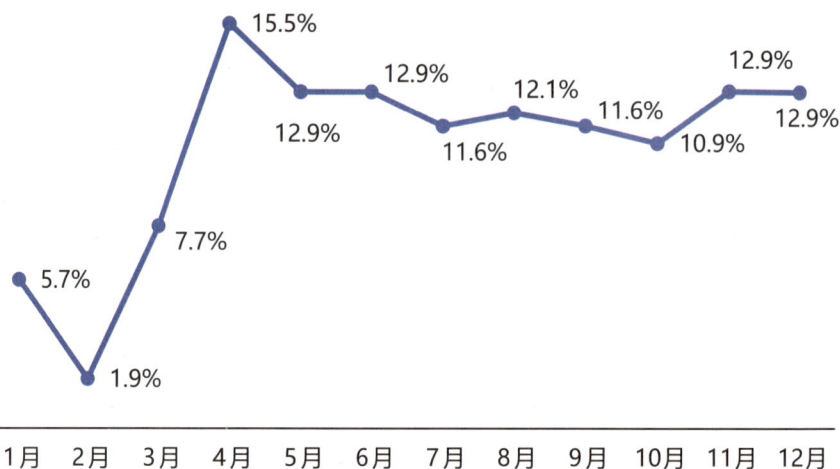

2020 年第一产业逐月用电增速

数据来源：《电力工业统计资料汇编》（2020 统计快报）

▶ 高载能行业用电增速回升，是拉动二产用电增长的主要因素

高载能行业用电
3.6% ↑

2. 高载能行业用电

2020 年，钢铁、有色、化工、建材行业用电增速均有不同程度提高，高载能行业用电增速回升，全年用电同比增长 3.6%，增速较 2019 年提高 1.6 个百分点，对全社会用电增长的贡献率大幅提高至 32.2%，较 2019 年增加 19.3 个百分点。高载能行业用电量除一季度因新冠疫情影响出现负增长以外，二、三、四季度用电增速逐步上扬，有力拉动第二产业用电量恢复增长。一、二、三、四季度高载能行业用电同比增速分别为 −5.0%、2.5%、6.8% 和 8.4%。

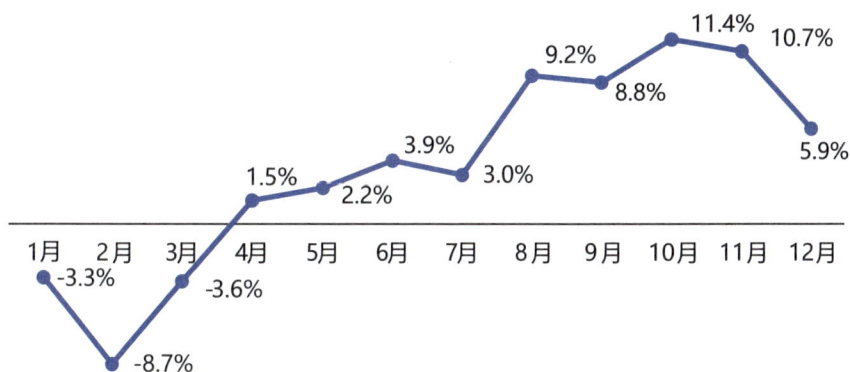

2020 年高载能行业逐月用电增速

数据来源：《电力工业统计资料汇编》（2020 统计快报）

钢铁行业用电

钢铁行业用电
↑ 3.9%

2020 年，钢材市场呈现高产量、高库存、高需求和高成本特征，钢材价格先抑后扬。钢铁 PMI 全年平均值为 46.1%，较上年同期下降 1.1 个百分点，粗钢产量占全球比重达到历史新高。受新冠肺炎疫情影响，国外钢材需求量下降导致国外钢材价格下降，国内复工复产后，国内钢材需求迅速恢复，国内外价差扩大，使得钢材出口下降，进口大幅增加。国内铁矿石、焦炭价格上浮，使钢铁企业成本上涨，行业利润同比下降。钢材社会库存维持高位运行，年底库存量较上年同期增加 12%。一季度黑色金属冶炼和压延加工业用电增速因疫情影响有所放缓，二、三、四季度用电增速呈稳定上升趋势，各季度钢铁行业用电同比增速分别为 −3.2%、2.1%、7.3% 和 8.4%；全年用电同比增长 3.9%，增速较 2019 年下降 0.6 个百分点。

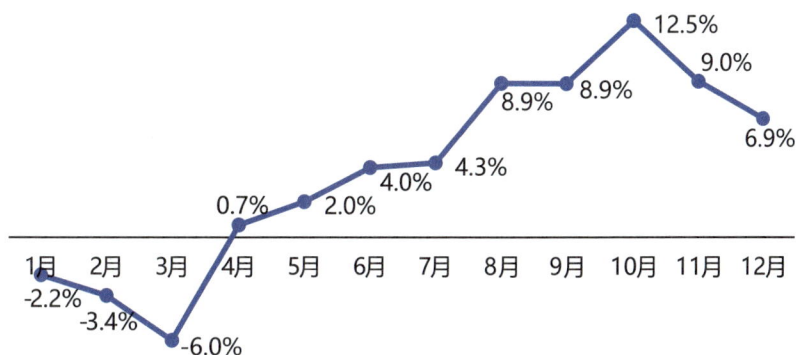

2020 年钢铁行业逐月用电增速

数据来源：《电力工业统计资料汇编》（2020 统计快报）

有色行业用电

↑ 4.3%

有色行业用电

　　2020 年，有色金属行业持续深化供给侧结构性改革，行业整体运行平稳。铝土矿对外依存度较高，氧化铝产能延续过剩，开工率低位运行，行业整体亏损。铝终端消费扩张趋势明显，电解铝行业利润达历史较高水平。一、二、三、四季度有色行业用电同比增速分别为 0.9%、3.2%、6.0% 和 6.4%；全年有色行业用电同比增长 4.3%，增速较 2019 年提高 4.8 个百分点。

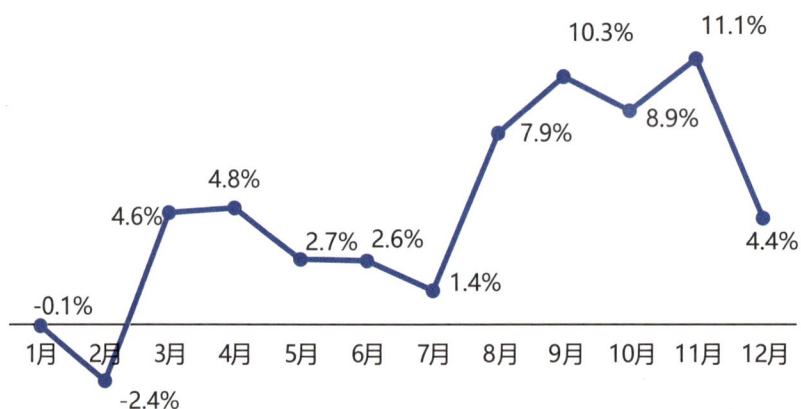

2020 年有色行业逐月用电增速

数据来源：《电力工业统计资料汇编》（2020 统计快报）

建材行业用电

↑ 3.9%

建材行业用电

　　2020 年，地产基建需求带动水泥产量实现正增长，部分区域水泥价格持续回升。建材行业各季度用电除第一季度因疫情原因大幅下降外，二、三、四季度增速逐渐回升，各季度用电同比增速分别为 −18.9%、5.6%、9.9% 和 11.7%；全年用电同比增长 3.9%，增速较 2019 年下降 1.4 个百分点。

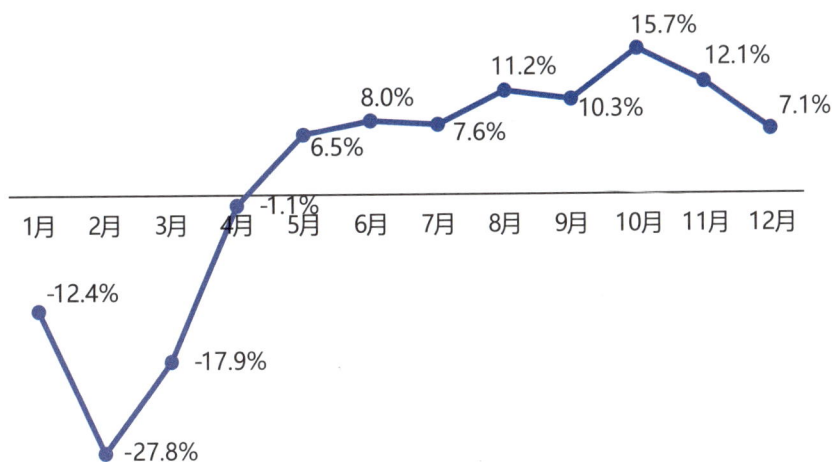

2020 年建材行业逐月用电增速

数据来源：《电力工业统计资料汇编》（2020 统计快报）

化工行业用电

化工行业用电
↑ **2.0%**

2020 年，PVC 供需反复错配，价格成 V 型走势，电石价格不断攀升。一、二、三、四季度化工行业用电同比增速分别为 −5.7%、−0.7%、4.6% 和 8.5%；全年用电量与上一年同期相比增加 2.0%，增速较 2019 年上升 2 个百分点。

2020 年化工行业逐月用电增速

数据来源：《电力工业统计资料汇编》（2020 统计快报）

非高载能第二产业
↑ 1.8%

3. 非高载能第二产业用电

2020 年，国际形势严峻复杂，新冠肺炎疫情持续冲击，对制造业的影响首当其冲，金属制品、专用设备制造以及铁路、船舶、航空航天和其他运输设备制造等行业全年用电分别呈 −7.5%、−1.8% 和 −3.8% 的负增长。受新能源发电、新能源汽车制造、5G 通信设备制造等带动，通用设备制造、汽车制造、电气机械和器材制造，以及计算机、通信和其他电子设备制造等行业用电分别保持 6.7%、14.8%、9.9% 和 16.0% 的快速增长。综合上述因素，2020 年各季度非高载能二产用电同比增速分别为 −11.6%、3.8%、5.1% 和 7.1%，全年合计用电增速为 1.8%，较 2019 年下降 2.0 个百分点，对全社会用电增长的贡献率为 23.2%，较 2019 年下降 11.8 个百分点。

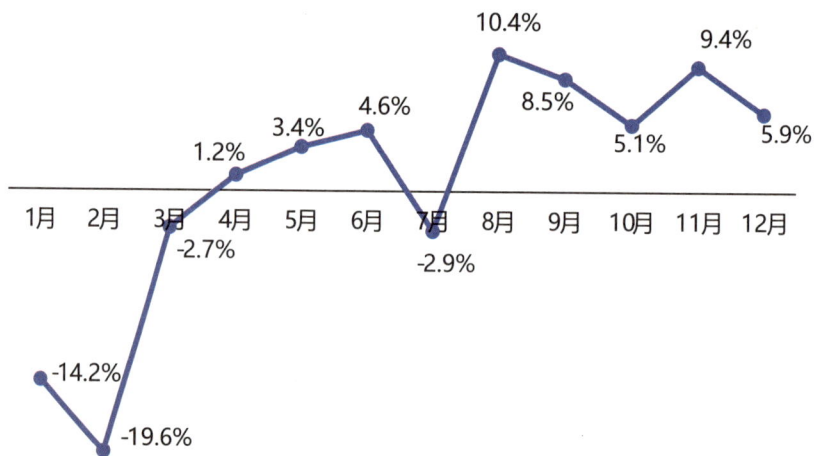

2020 年非高载能第二产业逐月用电增速

数据来源：《电力工业统计资料汇编》（2020 统计快报）

第三产业用电
↑ 1.9%

4. 第三产业用电

2020 年一、二、三、四季度第三产业用电同比增速分别为 −8.3%、0.5%、5.9% 和 8.4%；全年用电同比增长 1.9%，增速较 2019 年下降 7.6 个百分点，对全社会用电增长的贡献率为 9.8%。

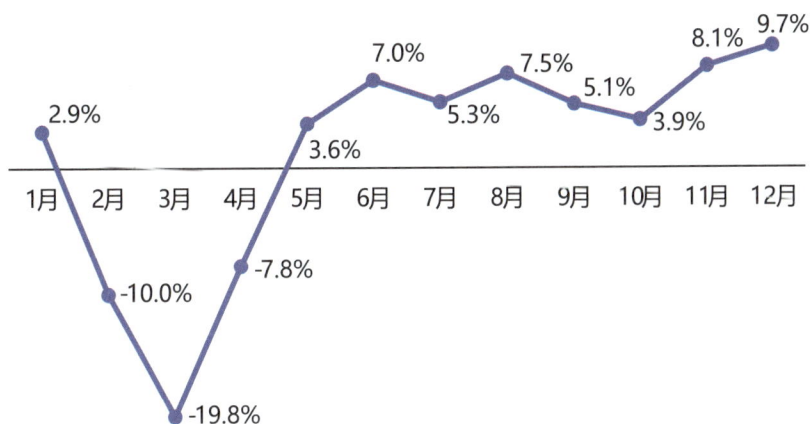

2020 年第三产业逐月用电增速

数据来源：《电力工业统计资料汇编》（2020 统计快报）

5. 居民生活用电

居民生活用电
↑ 6.9%

受疫情影响，2020 年居民居家时间较上年有显著增加，一、二、三、四季度居民生活用电同比增速分别为 2.3%、12.3%、5.0% 和 10.0%，全年居民生活用电实现 6.9% 的快速增长，较上年同期提高 1.2 个百分点，对全社会用电增长的贡献率为 31.2%，拉动全社会用电增长 1.0 个百分点。

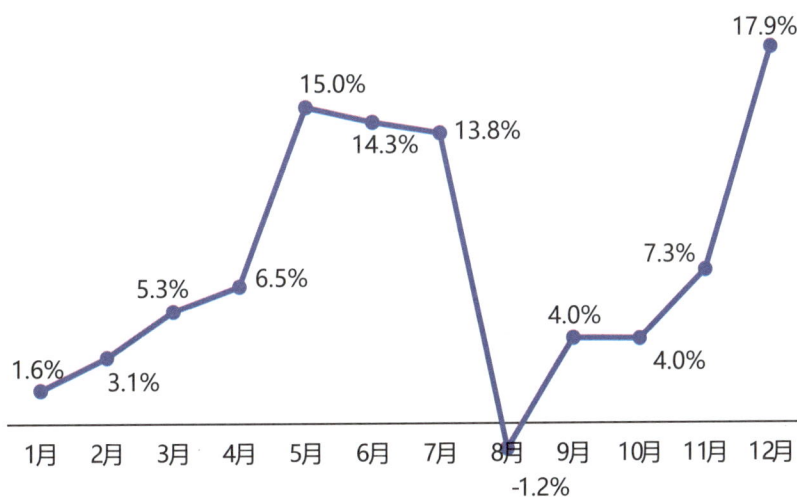

2020 年居民生活逐月用电增速

数据来源：《电力工业统计资料汇编》（2020 统计快报）

1.3   分地区用电量

2020 年，山东、广东、江苏、浙江、河北 5 省全社会用电量分列全国前五位，5 省用电量合计 29003 亿千瓦时，合计用电占比与上年基本持平，为 38.6%。

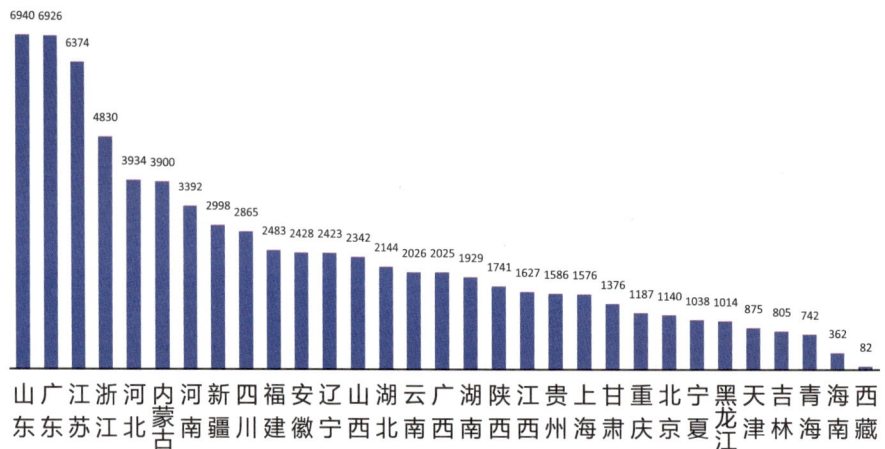

2020 年全国分地区用电量（亿千瓦时）

数据来源：《电力工业统计资料汇编》（2020 统计快报）

2020 年，受新冠肺炎疫情影响全国大部分省（区、市）用电增速有所下滑，湖北、宁夏、北京、天津 4 省（市）用电量出现负增长，其中，湖北用电增速为 −3.2%，较 2019 年下降了 10.1 个百分点，下降幅度最大；宁夏用电增速为 −4.2%，较 2019 年下降了 6.0 个百分点；北京用电增速为 −2.3%，较 2019 年下降了 4.4 个百分点；天津用电增速为 −0.4%，较 2019 年下降了 3.2 个百分点。广东、浙江、江苏、山东等东部省份的用电增速也有所滑落，用电增速较 2019 年分别下降 2.5、1.2、0.5、0.4 个百分点。甘肃、青海、云南、河南、四川、上海 6 省（市）用电增速超过上一年同期水平，其中，甘肃用电增速为 6.8%，较 2019 年提高了 6.9 个百分点；青海用电增速为 3.6%，较 2019 年提高了 6.5 个百分点；云南用电增速为 11.8%，较 2019 年提高了 3.9 个百分点；河南用电增速为

0.8%，较 2019 年提高了 2.4 个百分点；四川用电增速为 8.7%，较 2019
年提高了 1.5 个百分点；上海用电增速为 0.5%，较 2019 年提高了 0.3 个
百分点。

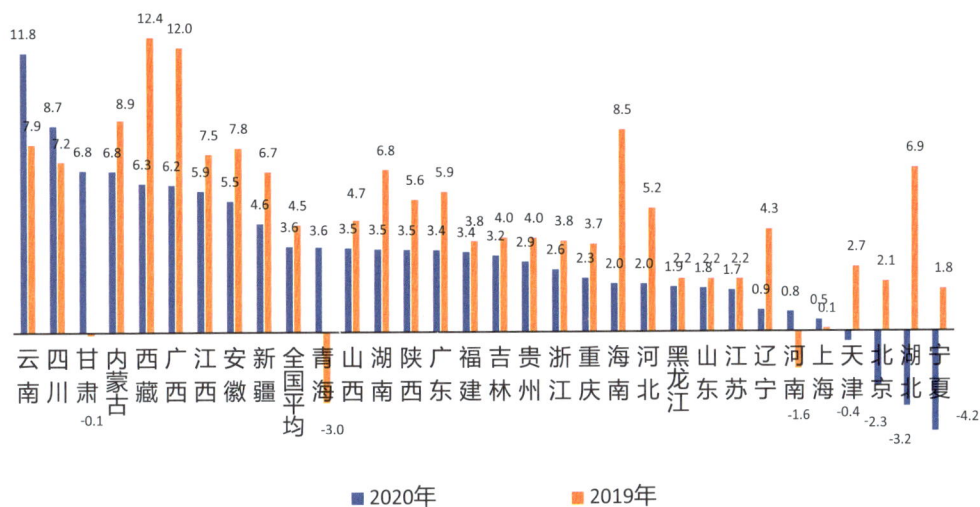

2020 年全国分地区用电量增速（%）

数据来源：《电力工业统计资料汇编》（2020 统计快报）

2 未来三年电力需求预测

2.1 第一产业用电预测

我国将继续全面推进乡村振兴战略。根据 2021 年中央一号文件《中共中央 国务院关于全面推进乡村振兴加快农业农村现代化的意见》，将加快推进农业现代化，强化现代农业科技和物质装备支撑，加快构建现代养殖体系，实施大中型灌区续建配套和现代化改造。预计未来三年第一产业用电量将保持平稳增长。

2.2 高载能行业用电预测

1. 钢铁行业

工信部 2020 年 12 月出台《关于推动钢铁工业高质量发展的指导意见》（征求意见稿），提出要严禁新增钢铁产能，逐步建立以碳排放、污染物排放、能耗总量、产能利用率等为依据的产量约束机制，到 2025 年，力争率先实现碳排放达峰，电炉钢产量占粗钢总产量比例提升至 15% 以上，钢铁能源消耗总量和强度降低 5% 以上。因此，在钢铁行业高质量和绿色低碳发展目标下，预计未来三年钢铁产能和能源消耗将进一步下降，同时将持续推进电能替代，提高电炉钢产量。从需求侧看，"新基建"将在一定程度上拉动钢材消费上涨，为钢铁行业发展提供支撑。受上半年钢材需求增加、价格处于高位等因素影响，2021 年钢铁行业总体用电量将保持较快增长，随着下半年《钢铁行业产能置换实施办法》等推进碳达峰相关政策的落地实施，预计 2022 年和 2023 年钢铁行业用电增速将呈明显放缓态势。

2. 有色行业

为构建"碳达峰、碳中和"目标下铝行业绿色低碳高效发展新格局，中国铝业和山东魏桥联合发布《加快铝工业绿色低碳发展联合倡议书》，提出要严格执行电解铝产能指标置换规定，守住电解铝产能"天花板"，力争国内氧化铝、电解铝在"十四五"期间达到产能、产量峰值。预计未来三年铝供给增长有限。从需求侧看，有色金属行业处于制造业产业链的上游，因此随着新冠疫情的有效控制和经济全面复苏，下游电子、建筑、家电、交通与电力等关联产业将对有色金属生产起到一定支撑作用。预计 2021 年有色行业用电量将保持较快增长，2022 年和 2023 年增速将逐步放缓。

3. 建材行业

中国建筑材料联合会向全行业发出的《推进建筑材料行业碳达峰、碳中和行动倡议书》提出，中国建筑材料行业要在 2025 年前全面实现碳达峰，其中水泥等行业要在 2023 年前率先实现碳达峰，同时工信部和生态环境部联合印发的《关于进一步做好水泥常态化错峰生产的通知》要求有效压减水泥行业过剩产能，提高绿色生产水平。革命老区振兴发展和国家重大区域规划战略的实施将带动一批基础设施建设项目，对水泥需求提供一定的支撑。预计 2021 年建材行业用电量将保持中速增长态势，2022 年和 2023 年用电增速呈逐步下降趋势。

4. 化工行业

化工行业受油价持续低迷影响，产业上游企业投资意愿有所下降，在安全、环保生产约束及高质量发展要求下，我国将大力推进工业领域节能减排，落实能耗"双控"政策，严控重化工行业新增产能规模，预计未来三年化工行业用电将保持中低速增长。

"碳达峰、碳中和"战略背景下，钢铁、有色、建材、化工四大高耗能行业受碳达峰等环保政策影响，将持续推进供给侧结构性改革，加快绿色转型和升级改造。同时，随着我国下游制造业逐步向高端制造业跃迁，以及能耗"双控"政策的实施，上游高耗能行业将大力实施电能替代，产品结构也将发生相应变化，逐步向高附加值、低能耗方向转移，传统产品产量将出现明显下降，生产逐步回归市场需求。未来三年高载能行业用电仍将保持正增长，但增速呈明显放缓趋势，预计 2021 年为 5.3%~6.5%，2022 年为 2.8%~3.5%,2023 年为 1.9%~2.3%。

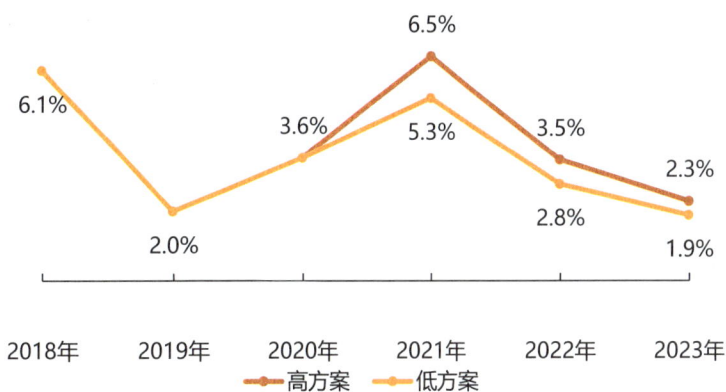

未来三年高载能行业用电增速预测

2.3 非高载能第二产业用电预测

2020 年，在中央统筹疫情防控和经济社会发展下，我国抗击新冠肺炎疫情斗争取得重大战略成果，投资增速显著回升，消费复苏态势进一步加快，经济先行指标持续向好，制造业投资回升。2020 年中央经济工作会议指出，我国将强化国家战略科技力量、增强产业链供应链自主可控能力，统筹推进补齐短板和锻造长板，坚持扩大内需，加强统一规划和宏观指导，统筹好产业布局。此外，政府工作报告中提出，我国将加强新型基础设施建设，发展新一代信息网络，拓展 5G 应用，建设数据中心，增加充电桩、换电站等设施，推广新能源汽车，激发新消费需求、助力产业升级。"碳达峰、碳中和"战略下，风电、光伏发电、储能等供电端建设需求将快速扩张，用电侧新能源汽车、充电基础设施等建设需求也将相应增加，进一步带动相关制造业快速发展。2020 年 12 月底，中欧投资协定谈判如期完成，将为中欧相互投资提供更大的市场准入、更高水平的营商环境、更有力的制度保障、更光明的合作前景，对我国经济特别是制造业的"引进来"和"走出去"都是重大利好。考虑 2020 年较低基数，预计 2021 年非高载能第二产业用电增速将有明显回暖，保持中高速增长，2022 年和 2023 年，随着我国经济的长期高质量发展，非高载能用电第二产业将保持中速增长。

预计非高载能第二产业用电增速 2021 年为 8.1%~10.2%，2022 年为 5.5%~6.1%，2023 年为 3.8%~4.2%。

未来三年非高载能第二产业用电增速预测

2.4 第三产业用电预测

中央经济工作会议指出，有序取消部分行政性限制消费购买的规定，充分挖掘县乡消费潜力，合理增加公共消费，提高教育、医疗、养老、育幼等公共服务支出效率。同时，我国新冠疫苗接种工作正在按照城乡分开、口岸优先、区分轻重缓急稳妥有序的原则推进，疫情对交通运输、住宿、餐饮、批发和零售业等服务业的影响逐渐减弱，将带动三产用电增速快速回升。综合上述因素，考虑到 2020 年用电基数相对较低，预计 2021 年第三产业用电增速将强势反弹，保持高速增长，2022 年与 2023 年第三产业用电增速将较 2021 年有明显放缓，但依然维持中高速增长。

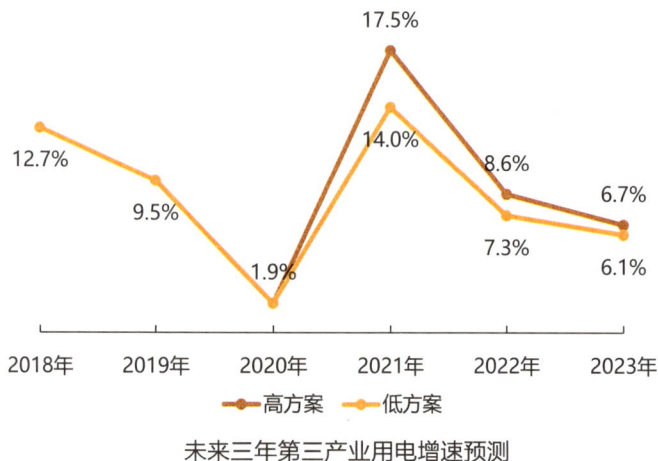
未来三年第三产业用电增速预测

预计 2021 年第三产业用电增速为 14.0%~17.5%, 2022 年为 7.3%~8.6%, 2023 年为 6.1%~6.7%。

2.5　居民生活用电预测

2020 年 7 月, 国务院办公厅印发《关于全面推进城镇老旧小区改造工作的指导意见》, 明确"十四五"期间老旧小区改造的工作目标和改造任务。随着 2021 年部分城镇老旧小区改造完成, 城镇电气化水平将进一步提升。同时, 乡村振兴战略的进一步推进将大力提升农村电气化水平, 乡村居民生活用电仍有较大增长空间。随着国内新冠肺炎疫情逐步好转, 2021 年居民居家生活总体时间要低于 2020 年同期水平。综合上述因素, 预计 2021 年、2022 年和 2023 年居民生活用电量将维持中高速增长, 增速总体呈放缓趋势。

预计 2021 年居民生活用电增速为 6.0%~7.7%, 2022 年为 6.1%~6.5%, 2023 年为 5.4%~5.8%。

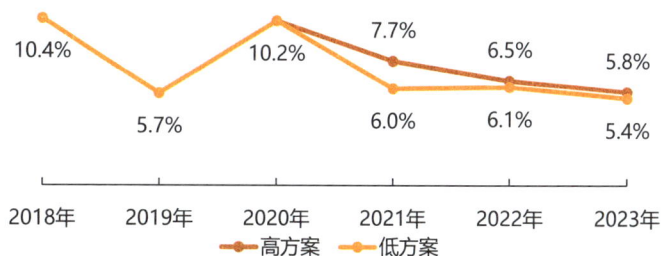

未来三年居民生活用电增速预测

2.6　全国用电需求预测

结合未来三年经济和用电发展趋势预测:

高方案, 2021 年, 全社会用电同比增长 10.0%, 用电量达 8.26 万亿千瓦时, 用电结构为 1.2∶27.2∶40.2∶17.2∶14.3; 2022 年, 全社会用电同比增长 5.9%, 用电量达 8.75 万亿千瓦时, 用电结构为 1.2∶26.6∶40.2∶17.6∶14.4; 2023 年, 全社会用电同比增长 4.4%, 用电量达 9.14 万亿千瓦时, 用电结构为 1.3∶26.0∶40.1∶18.0∶14.5。

未来三年用电增速高方案

2021 年
↑ 10.0%

2022 年
↑ 5.9%

2023 年
↑ 4.4%

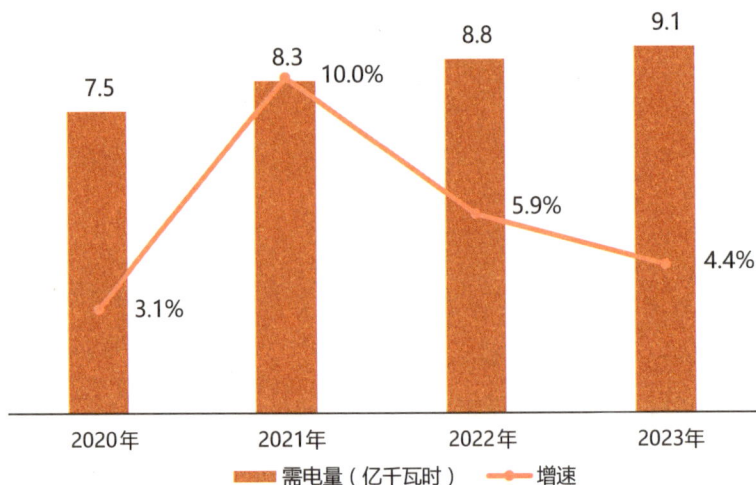

2020~2023 年全国需电量预测结果（高方案）

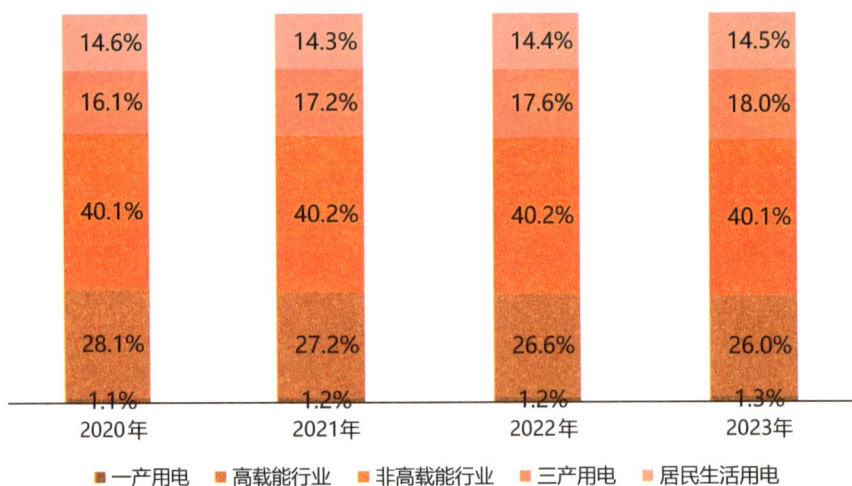

2020~2023 年全国用电结构预测结果（高方案）

未来三年用电增速低方案

2021 年
↑ **8.0%**

2022 年
↑ **5.2%**

2023 年
↑ **4.0%**

　　低方案，2021 年，全社会用电量同比增长 8.0%，用电量达 8.11 万亿千瓦时，用电结构为 1.2 : 27.4 : 40.1 : 17.0 : 14.3；2022 年，全社会用电同比增长 5.2%，用电量达 8.53 万亿千瓦时，用电结构为 1.2 : 26.8 : 40.2 : 17.3 : 14.4；2023 年，全社会用电同比增长 4.0%，用电量达 8.87 万亿千瓦时，用电结构为 1.3 : 26.2 : 40.2 : 17.7 : 14.6。

2020~2023 年全国需电量预测结果（低方案）

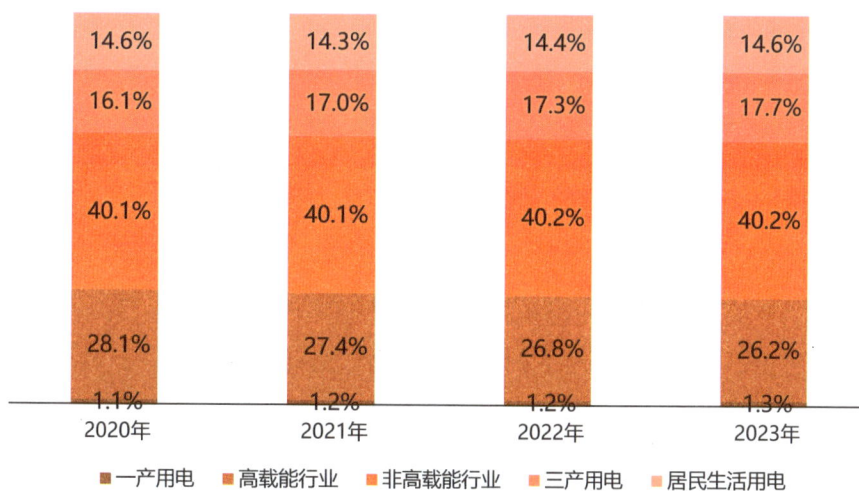

2020~2023 年全国用电结构预测结果（低方案）

三

电源发展

Power Generation Development

1 水电

1.1 2020 年发展概况

1. 常规水电

Ｅ 常规水电装机增速回升

常规水电装机
↑ 3.3%

总装机
33867 万千瓦

"十二五"期间我国常规水电装机年均增速约 8.3%，从 2013 年到 2019 年，常规水电装机容量增速逐年下降，2020 年常规水电装机容量增速回升，同比增长 3.3%。截至 2020 年底，我国常规水电装机容量 33867 万千瓦，约占我国电源总装机的 15.4%，占非化石电源装机的 34.4%。常规水电发展完成"十三五"规划目标。

2017~2020 年我国常规水电装机容量及同比变化

数据来源：《电力工业统计资料汇编》（2017、2018、2019、2020 统计快报）

截至 2020 年底，四川、云南、湖北、贵州、广西、湖南、福建、青海八省（区）常规水电装机容量超过 1000 万千瓦，占我国水电总装机容量的 79.7%。其中，四川、云南两省水电装机容量占全国比重为 45.6%。

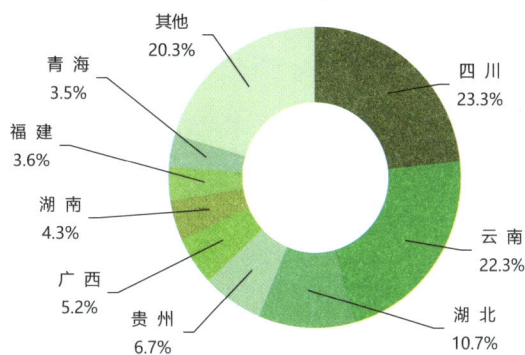

2020 年分地区常规水电装机容量占比

数据来源：《电力工业统计资料汇编》（2020 统计快报）

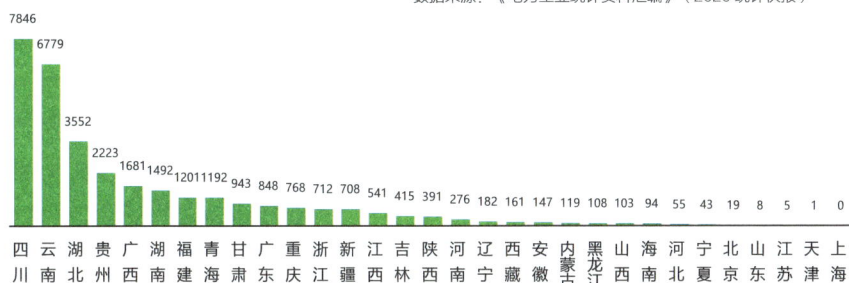

2020 年我国分地区常规水电装机容量（万千瓦）

数据来源：《电力工业统计资料汇编》（2020 统计快报）

　　截至 2020 年底，四川省、云南省水力资源开发程度分别为 65.7%、74.1%，西藏自治区水力资源开发程度为 1.8%，其他地区水力资源平均开发程度为 86.9%。

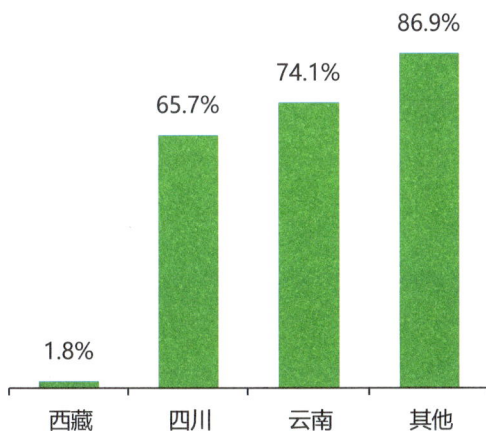

2020 年我国分地区水力资源开发程度

数据来源：《电力工业统计资料汇编》（2020 统计快报）、《中国水力资源复查成果 2003》

常规水电发电量
13218 亿千瓦时

较去年同比
↑ 4.1%

常规水电发电量占总发电量比重

17.3%

2020 年，我国常规水电发电量 13218 亿千瓦时，约占我国电源总发电量的 17.3%，占非化石电源发电量的 51.2%。其中，四川、云南两省常规水电发电量占我国常规水电发电量的 49.2%。从 2013 年开始，我国常规水电发电量占非化石电源发电量的比重逐年降低。

2017~2020 年我国常规水电发电量

数据来源：《电力工业统计资料汇编》（2017、2018、2019、2020 统计快报）

2020 年，受来水偏丰及弃水问题大幅缓解影响，我国水电利用小时达到 3827 小时，同比增加 130 小时。

2020 年，全国主要流域弃水电量约 301 亿千瓦时，较去年同期减少 46 亿千瓦时。弃水主要发生在四川省，弃水电量约 202 亿千瓦时，较去年同期减少 77 亿千瓦时，主要集中在大渡河干流，约占全省弃水电量的 53%；青海省弃水较去年有所增加，弃水约 40 亿千瓦时，比去年同期增加 18.5 亿千瓦时；云南弃水电量 24 亿千瓦时。

抽水蓄能装机

↑ 4.0%

总装机

3149 万千瓦

2. 抽水蓄能电站

截至 2020 年底，我国抽水蓄能装机容量为 3149 万千瓦，约占我国电源总装机容量的 1.4%，占非化石电源装机容量的 3.2%。"十三五"抽水蓄能装机年均增速为 6.4%，其中 2020 年新增 120 万千瓦，增速为 4.0%。

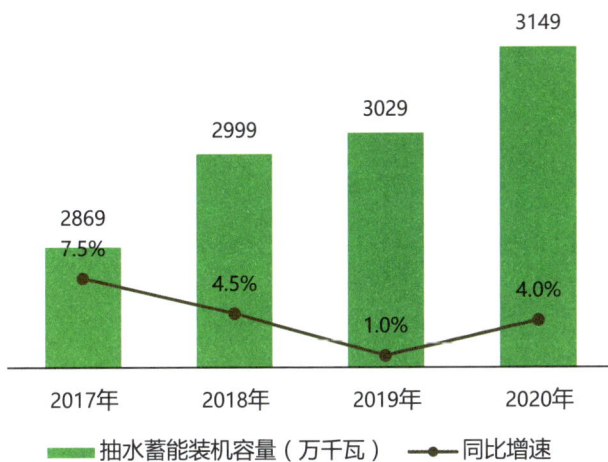

2017~2020 年我国抽水蓄能装机容量及同比变化

数据来源：《电力工业统计资料汇编》（2017、2018、2019、2020 统计快报）

截至 2020 年底，我国中东部及南方地区抽水蓄能装机容量 2452 万千瓦，占我国抽水蓄能总装机容量约 77.9%。广东、浙江两省抽水蓄能电站装机容量合计 1186 万千瓦，占我国抽水蓄能电站总装机容量的 37.7%。

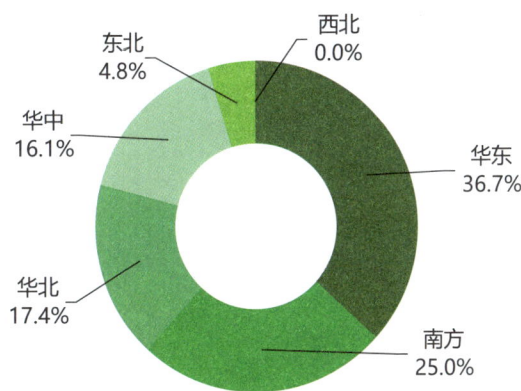

2020 年分区域抽水蓄能装机容量占比

数据来源：《电力工业统计资料汇编》（2020 统计快报）

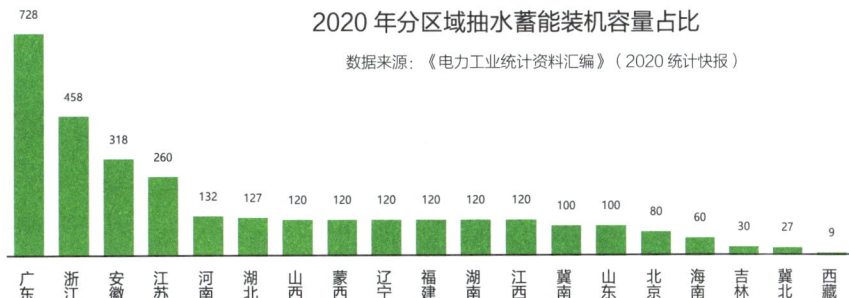

2020 年我国分地区抽水蓄能装机容量（万千瓦）

数据来源：《电力工业统计资料汇编》（2020 统计快报）

抽水蓄能电站主要集中在中东部及南方地区

中东部及南方地区占全国抽水蓄能总装机

77.9%

2020 年投产抽水蓄能电站

省份	电站名称	单机容量（万千瓦）	机组台数（台）	投产时间
安徽	绩溪抽水蓄能电站	30	1	2020 年 5 月
	绩溪抽水蓄能电站	30	1	2020 年 8 月
	绩溪抽水蓄能电站	30	1	2020 年 10 月
	绩溪抽水蓄能电站	30	1	2020 年 12 月

1.2　未来三年发展展望

1. 常规水电

未来三年我国常规水电预计新增装机约 3100 万千瓦。其中，四川、云南两省新增水电装机达 2400 万千瓦。重点水电项目有：乌东德水电站、白鹤滩水电站、苏洼龙水电站、杨房沟水电站、两河口水电站等。

⬛ 未来三年全国新增常规水电主要集中在川滇两省

未来三年常规水电新增装机约

3100 万千瓦

乌东德水电站

乌东德水电站位于四川会东县和云南禄劝县交界的金沙江河道上，电站装机容量 1020 万千瓦（85 万千瓦 ×12 台），多年平均发电量约 389.1 亿千瓦时。2020 年 6 月 29 日首批机组投产发电，2021 年 6 月 16 日 12 台机组全部投产发电。

乌东德水电站

白鹤滩水电站

白鹤滩水电站位于四川省宁南县和云南省巧家县的金沙江下游干流河道上，电站装机容量 1600 万千瓦（100 万千瓦 ×16 台），多年平均发电量约 624.4 亿千瓦时。2021 年 6 月实现首批机组发电，预计 2022 年全部机组投运。

白鹤滩水电站

苏洼龙水电站

苏洼龙水电站位于金沙江上游河段四川巴塘县和西藏芒康县的界河上，电站装机容量 120 万千瓦，多年平均发电量约 54.3 亿千瓦时。预计 2021 年底实现首批机组发电。

苏洼龙水电站

杨房沟水电站

杨房沟水电站位于四川省凉山州木里县境内的雅砻江流域中游河段上，电站装机容量 150 万千瓦，多年平均发电量约 68.7 亿千瓦时。预计 2021 年下半年实现首批机组发电。

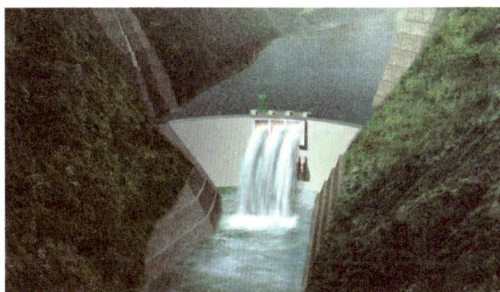

杨房沟水电站

两河口水电站

两河口水电站位于四川省甘孜州雅江县境内的雅砻江干流上，电站装机容量 300 万千瓦，多年平均发电量约 110.6 亿千瓦时。预计 2021 年下半年实现首批机组发电，2022 年全部机组投运。

两河口水电站

2. 抽水蓄能电站

未来三年我国抽水蓄能电站新增装机容量约 1700 万千瓦。重点项目有：吉林敦化抽水蓄能电站、黑龙江荒沟抽水蓄能电站、浙江长龙山抽水蓄能电站等。

敦化抽水蓄能电站

敦化抽水蓄能站位于敦化市北部，安装 4 台单机容量 35 万千瓦可逆式水泵水轮机组，预计 2022 年首台机组投运。

敦化抽水蓄能电站

荒沟抽水蓄能电站

荒沟抽水蓄能站位于黑龙江省牡丹江市海林市三道河子乡，安装 4 台单机容量 30 万千瓦可逆式水泵水轮机组，计划首台机组于 2021 年 6 月底并网发电，至 2022 年 3 月底 4 台机组全部投产发电。

荒沟抽水蓄能电站

长龙山抽水蓄能电站

浙江长龙山抽水蓄能电站位于安吉县天荒坪镇和山川乡境内，安装 6 台单机容量 35 万千瓦可逆式水泵水轮机组，预计 2021 年 6 月建成投运。

长龙山抽水蓄能电站

2 风电

2.1 2020 年发展概况

2020 年，受陆上风电补贴退坡政策的影响，全国风电迎来抢装潮，全年风电新增并网容量为历史最高，达到 7148 万千瓦，同比增长 34%，新增规模同比增长 177%。截至 2020 年底，全国累计并网风电装机 28153 万千瓦，占全国电源总装机容量的 12.8%，占非化石电源装机容量的 28.6%，超额完成"十三五"规划目标。"十三五"期间，全国风电并网装机容量年均增长 16.9%，整体维持高速发展的势头。

风电装机大幅增长

风电装机
↑ 34.0%

总装机
28153 万千瓦

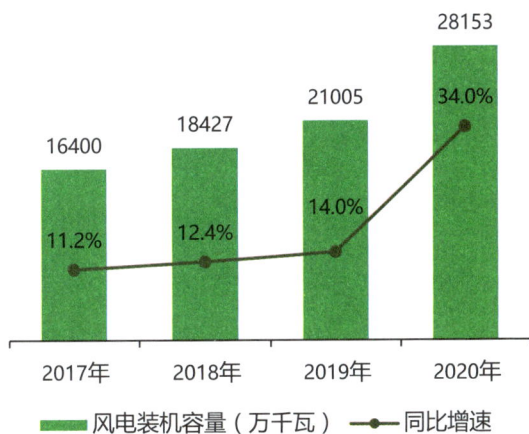

2017~2020 年全国风电装机容量及同比变化

数据来源：《电力工业统计资料汇编》（2017、2018、2019、2020 统计快报）

2020 年，全国海上风电新增并网装机 307 万千瓦，同比增加 55%；累计并网装机达 900 万千瓦，同比增加 51.8%，呈高速发展态势。江苏省海上风电并网装机 573 万千瓦，占全国海上风电装机约 63.7%。

海上风电高速发展

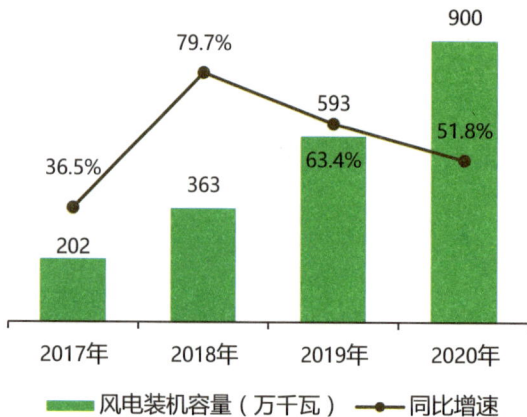

2017~2020 年全国海上风电装机容量及同比变化

数据来源：国家能源局

风电开发布局持续优化

中东部和南方地区累计并网风电装机占比

↑ **2.3** 个百分点

2020 年，华中、华东、南方地区合计新增并网风电装机 2820 万千瓦，占全国新增并网风电装机容量的 39.5%。截至 2020 年底，中东部和南方地区累计并网风电装机占比 32.4%，较 2019 年提升了 2.3 个百分点，全国风电建设布局持续优化。

截至 2020 年底，内蒙古、新疆、河北、山西、山东、江苏、河南、宁夏、甘肃九省（区）并网风电装机均超 1000 万千瓦，合计占全国风电总装机容量的 64.0%。

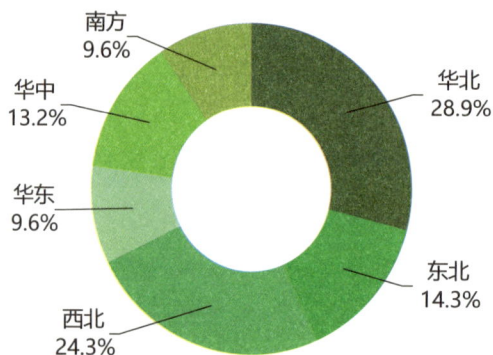

2020 年全国分区域并网风电装机容量占比

数据来源：《电力工业统计资料汇编》（2020 统计快报）

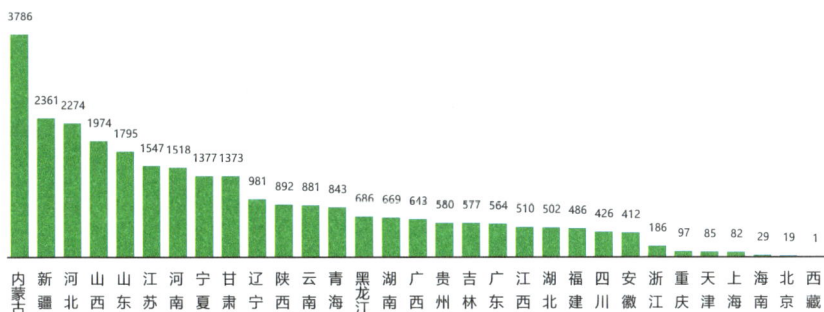

2020 年全国分地区并网风电装机容量（万千瓦）

数据来源：《电力工业统计资料汇编》（2020 统计快报）

风电发电量
4665 亿千瓦时

较去年同比
↑ **15.0%**

2020 年，全国风电平均利用小时数 2073 小时，与上年基本持平；全年风电发电量达到 4665 亿千瓦时，同比增长 15.0%，占全国总发电量约 6.1%，占非化石电源发电量约 18.1%。

2020 年，全国风电发电量同比增加 608 亿千瓦时，占非化石电源发电量增量的比重约 32.1%，风电对非化石电量增长贡献较上年上升 14.7 个百分点。

📰 风电对非化石电量增长的贡献率大幅上升

风电对非化石电量增长贡献率
↑ **14.7** 个百分点

2017~2020 年全国风电发电量及对非化石电量增长的贡献率

数据来源：《电力工业统计资料汇编》（2017、2018、2019、2020 统计快报）

2020 年，全国弃风电量合计 166 亿千瓦时，较上年减少 3 亿千瓦时；平均弃风率为 3.5%，同比下降 0.5 个百分点。甘肃、蒙西风电利用率分别为 93.6% 和 93.0%，分别较上年提升 1.3 个、1.9 个百分点；新疆风电利用率 89.7%，较上年提升 3.7 个百分点，是全国唯一风电利用率低于 90% 的地区。

2016~2020 年全国弃风电量及弃风率

数据来源：国家能源局

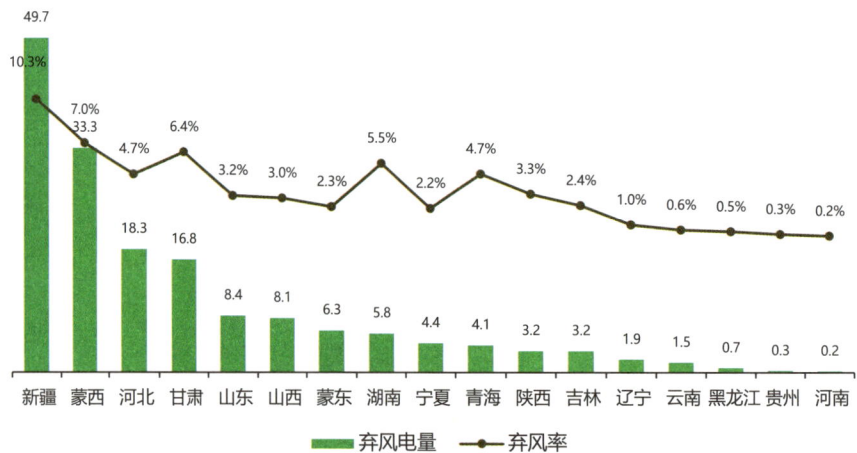

2020 年全国分地区弃风电量及弃风率

数据来源：国家能源局

2.2　未来三年发展展望

风电发展进入高速增长期。进入"十四五"，为支撑实现"碳达峰、碳中和"战略目标，加快构建以新能源为主体的新型电力系统，需要进一步加快开发利用风电等新能源。我国风电资源储量整体较大，是实现"30·60"目标的重要保证。"十四五"期间，随着技术进步和设备成本回落，风电项目开发的经济性进一步提升。国家能源主管部门将重点以可再生能源电力消纳责任权重为导向，调控新能源开发规模和布局。预计未来三年，风电发展有望在"十三五"平均水平基础上进一步提速，特别是随着源网荷储一体化、多能互补等集约化开发项目与海上风电的加快推进实施，全国年均新增规模有望达到 3000 万千瓦至 5000 万千瓦的较高水平。在风电快速发展的同时，需要关注中东部和南方地区的土地与环保受限因素，以及重点地区的消纳问题，保障项目合理利用率。

陆上风电全面步入平价／低价上网和市场化发展时代。国家发展改革委发布的《关于完善风电上网电价政策的通知》（发改价格〔2019〕882 号）明确，自 2021 年开始新核准的陆上风电项目全面实行平价上网，国家不再补贴，陆上风电发展全面步入平价上网时代。从当前行业实际情况来看，随着风电行业的技术进步，低风速、大容量风电机组逐渐普及，风电开发的技术成本进一步下降，在弃风限电情况持续好转的情况下，陆上风电已逐步具备平价甚至低价上网的经济性。预计未来三年，在部分风资源条件较好、燃煤标杆电价较高的地区，陆上风电将在平价上网的基础上进一步竞价，实现低价上网。同时，国家能源局《关于 2021 年风电、光伏发电开发建设有关事项的通知》（国能发新能〔2021〕25 号）提出，建立新能源保障性并网、市场化并网等并网多元保障机制，积极探索新能源市场化并网发展模式，通过自建、合建共享或购买服务等市场化方式落实并网条件后，由电网企业予以并网。预计市场化并网项目将成为传统新能源项目的有效补充，进一步助力"30·60"目标的实现。

海上风电预计将持续平稳增长。《国民经济和社会发展第十四个五年规划和 2035 年远景目标纲要》提出，加快发展非化石能源，有序发展海上风电，为未来一段时间海上风电的发展指明了整体方向。目前，广东、福建、江苏等沿海地区受土地、生态环保等政策的影响，可供开发的陆上风电资源有限，规划建设海上风电规模较大，为海上风电规模持续扩大提供了基础支撑。未来三年，海上风电项目开发成本仍然相对较高，可通过集约化开发、地方政府补贴等方式提升项目收益水平，行业整体处于由规模化发展转向平价上网的关键过渡期，预计将在重点省区的带动下整体保持平稳增长。

未来三年，考虑抽水蓄能、调峰气电按规划预期投产，在采取火电灵活性改造、新建新型储能以及增加跨省区输送新能源电力等综合措施后，三北地区风电消纳能力约 6170 万千瓦，中东部和南方地区风电消纳能力约 6940 万千瓦，合计约 1.31 亿千瓦。

未来三年各地区风电消纳能力预测结果 （单位：万千瓦）

地区	风电消纳能力	合计
华北	1920	6170
东北	2140	
西北	2110	
华中	2450	6940
华东	2120	
南方	2370	
全国合计	13110	13110

注：1. 以上消纳能力仅按系统调峰能力测算；2.2021-2023 年全国新增风电装机按照 "三北" 地区与中东部地区均衡布局考虑，光伏新增装机按照 1.7 亿千瓦、均衡布局考虑；3. 三北地区新能源利用率按照不低于 92%~94% 考虑，中东部和南方地区新能源利用率按照不低于 98% 考虑；4. "综合措施" 指 "十四五" 电力规划提出的 "三北" 地区火电灵活性改造、新建新型储能以及增加跨省区输送新能源电力等一系列提高系统消纳能力的措施。

3 太阳能发电

3.1 2020 年发展概况

1. 光伏发电

2020 年，全国光伏发电新增并网装机 4912 万千瓦，新增装机较上年增长 24.0%。截至 2020 年底，全国光伏装机容量达 25343 万千瓦，超额完成"十三五"规划目标，较上年增长 24.0%，光伏发电装机占全国电源总装机容量达 11.5%，占非化石电源装机容量达 25.7%。

光伏发电装机快速增长

光伏装机
↑ 24.0%

总装机
25343 万千瓦

2017~2020 年全国光伏装机容量及同比变化

数据来源：《电力工业统计资料汇编》（2017、2018、2019、2020 统计快报）

2020 年，华中、华东、南方地区合计新增并网光伏装机 1768 万千瓦，占全国新增并网光伏装机容量的 36.0%，"三北"地区新增并网光伏装机占全国新增并网光伏装机容量的 64.0%。截至 2020 年底，中东部和南方地区累计并网光伏装机占比 42.5%，较 2019 年下降了 2.2 个百分点。

截至 2020 年底，山东、河北、江苏、青海、浙江、安徽、山西、新疆、内蒙古、宁夏、河南、陕西、贵州、甘肃、广东、江西、湖北十七省（区）光伏装机均超过 500 万千瓦，合计占全国的 87.7%。

中东部及南方地区光伏装机占比有所下降

中东部及南方地区光伏装机占比
↓ 2.2 个百分点

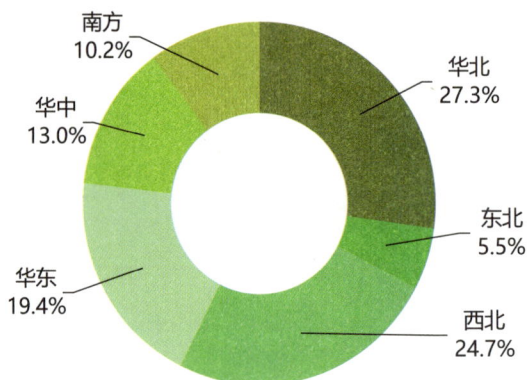

2020 年全国分区域光伏装机容量占比

数据来源：《电力工业统计资料汇编》（2020 统计快报）

2020 年全国分地区光伏装机容量（万千瓦）

数据来源：《电力工业统计资料汇编》（2020 统计快报）

光伏发电量
2611 亿千瓦时

较去年同比
↑ 16.4%

2020 年，全国光伏平均利用小时数 1160 小时，同比基本持平；全年光伏发电量 2611 亿千瓦时，较上年增长 16.4%，占全国总发电量的 3.4%，占非化石电源发电量的 10.1%。

2020 年，全国光伏发电量较上年增加 368 亿千瓦时，占非化石电源发电量增量的比重为 19.5%，光伏对非化石电量增长的贡献率同比下降 6.8 个百分点。

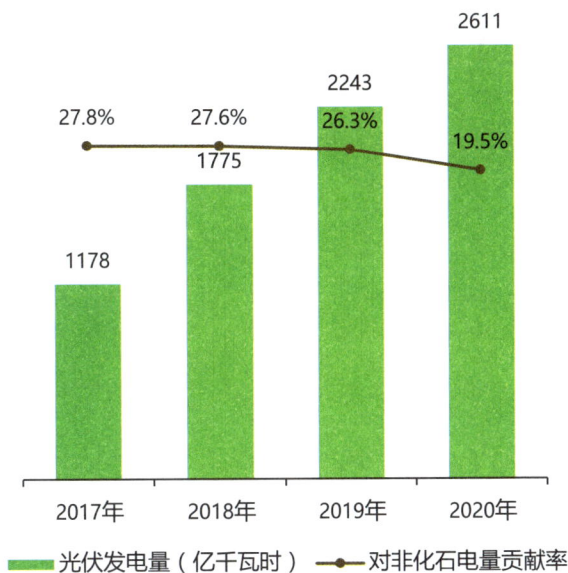

2017~2020 年全国光伏发电量及对非化石电量贡献率

数据来源：《电力工业统计资料汇编》（2017、2018、2019、2020 统计快报）

2020 年，全国弃光电量合计 52.6 亿千瓦时，同比增加 6.9 亿千瓦时；平均弃光率 2.0%，与 2019 年基本持平，处于较低水平。全国弃光主要集中在西北和华北地区，弃光电量占全国 97%。新疆、甘肃光伏利用率同比提升 2.8 个百分点、2.0 个百分点至 95.4%、97.8%。

光伏发电利用率持较高水平

全年光伏平均利用率
98%

2016~2020 年全国弃光电量及弃光率

数据来源：国家能源局

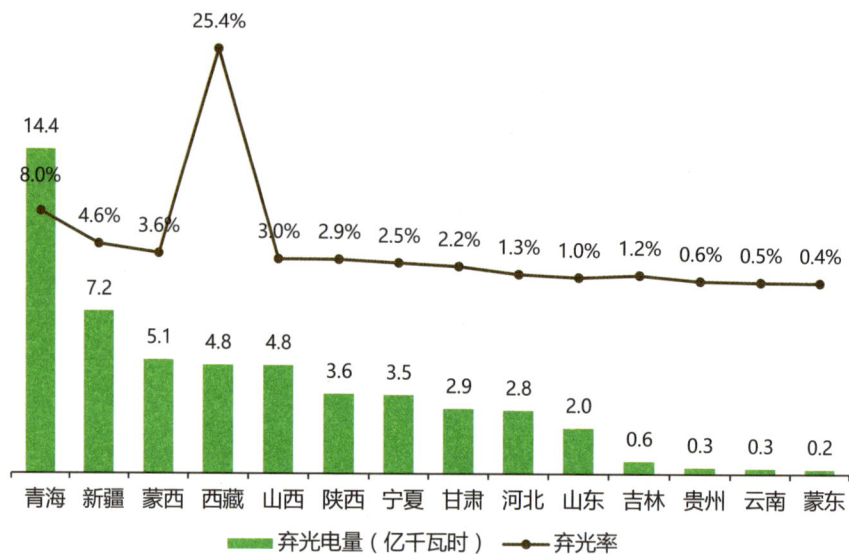

2020 年全国分地区弃光电量及弃光率

数据来源：国家能源局

2. 光热发电

2016 年 9 月，国家能源局印发《关于建设太阳能热发电示范项目的通知》，下达了首批示范项目共计 20 个，总装机容量 134.9 万千瓦。截至 2020 年底，首批示范项目共计建成 7 个，总装机容量 45 万千瓦。此外，约 7 万千瓦其他类型的光热项目已建成并网，主要包括多能互补示范项目中的光热发电项目以及首批示范项目的先导性项目。全国目前共建成光热发电项目约 52 万千瓦。

2020 年新建并网光热发电项目 1 个，装机容量 10 万千瓦，为内蒙古中核龙腾乌拉特中旗导热油槽式光热发电项目。

截至 2020 年底，全国已并网的装机 5 万千瓦以上光热发电示范项目信息如下表所示。

2020 年底全国已并网装机 5 万千瓦以上光热发电示范项目信息表

序号	项目名称	装机容量（万千瓦）	并网时间
1	青海中广核德令哈槽式光热发电项目	5	2018 年 10 月
2	甘肃首航节能敦煌熔盐塔式光热发电项目	10	2018 年 12 月
3	青海中控太阳能德令哈光热发电项目	5	2018 年 12 月
4	中国电建共和熔盐塔式光热发电项目	5	2019 年 9 月
5	鲁能海西州多能互补集成优化熔盐塔式光热发电项目	5	2019 年 9 月
6	中电工程哈密熔盐塔式光热发电项目	5	2019 年 12 月
7	大成敦煌熔盐线性菲涅尔式光热发电项目	5	2019 年 12 月
8	内蒙古中核龙腾乌拉特中旗导热油槽式光热发电项目	10	2020 年 1 月

3.2 未来三年发展展望

1. 光伏发电

光伏发电发展将进一步提速。随着"碳达峰、碳中和"战略目标的提出，以新能源为主体的新型电力系统加快构建，以及可再生能源电力消纳责任权重考核机制逐步完善，为光伏发电等新能源的进一步加快开发利用提供了更加有利的外部政策环境。"十四五"期间，随着技术进步和成本持续下降，预计光伏发电开发利用将进一步提速。特别是对于用电负荷呈现午高峰特性的地区，光伏发电一定程度上可以发挥顶峰作用，具备一定的容量替代效益。与风电相比，光伏发电建设周期短，资金投入量相对较低，具备开发潜力的区域分布较广，但是对土地的需求较大，在中东部和南方地区受到相对较大的制约。未来三年，考虑中东部和南方地区受到的土地、生态环保等因素制约，集中式光伏电站开发布局预计延续以三北地区为主。

分布式光伏发展将成为中东部和南方地区的重要选择。2020 年新增光伏发电装机规模中，集中式光伏占比 68%，分布式光伏占比 32%。截至 2020 年底，全国集中式光伏累计装机占比 69%，分布式光伏占比 31%。

▌集中式光伏电站开发布局预计延续以三北地区为主

分布式光伏将持续保持快速发展势头

建设成本偏高仍将是短期内制约光热发电发展的重要因素

预计"十四五"期间，全国分布式光伏将继续呈现良好发展态势。相对集中式光伏项目，分布式光伏开发布局更加灵活。特别是中东部和南方地区，受土地、生态环保等因素影响，新增布局集中式光伏空间受限，为顺利完成可再生能源消纳责任权重考核、支撑实现"碳达峰、碳中和"战略目标，预计未来三年分布式光伏将持续保持快速发展势头。

未来三年，考虑抽水蓄能、调峰气电按规划预期投产，在采取火电灵活性改造、新建新型储能以及增加跨省区输送新能源电力等综合措施后，三北地区光伏消纳能力约8910万千瓦，中东部和南方地区光伏消纳能力约8150万千瓦，合计约1.71亿千瓦。

未来三年各地区光伏消纳能力预测结果 （单位：万千瓦）

地区	光伏消纳能力	合计
华北	3990	8910
东北	1620	
西北	3300	
华中	3230	8150
华东	2430	
南方	2490	
全国合计	17060	17060

注：1.以上消纳能力仅按系统调峰能力测算；2.2021-2023年全国新增光伏发电装机按照"三北"地区与中东部地区均衡布局考虑，风电新增装机按照1.3亿千瓦、均衡布局考虑；3.三北地区新能源利用率按照不低于92%~94%考虑，中东部和南方地区新能源利用率按照不低于98%考虑；4."综合措施"指"十四五"电力规划提出的"三北"地区火电灵活性改造、新建新型储能以及增加跨省区输送新能源电力等一系列提高系统消纳能力的措施。

2. 光热发电

整体来看，全国光热发电项目发展情况不及"十三五"规划预期。主要原因为电价政策滞后使得投资者对于项目效益回报预期信心不足等。随着首批示范光热发电项目的投产并网，国内逐步培育形成了相关设备制造产业链和系统集成企业，积累了一定的项目开发经验，但是建设成本偏高仍将是短期内制约光热发电发展的重要因素。

2020 年 1 月，财政部、国家发展改革委、国家能源局联合发布《关于促进非水可再生能源发电健康发展的若干意见》（财建〔2020〕4 号），提出按规定完成核准（备案）并于 2021 年 12 月 31 日前全部机组完成并网的存量光热发电项目，按相应价格政策纳入中央财政补贴范围，新增光热发电项目将不再纳入中央财政补贴范围。从目前各项目实际情况来看，预计 2021 年有 10 万千瓦光热发电项目可建成并网，其余项目难以在 2021 年建成投产。

2021 年 6 月，国家发展改革委印发《关于 2021 年新能源上网电价政策有关事项的通知》（发改价格〔2021〕833 号），明确新能源上网电价政策有关事项。2021 年起，新核准（备案）光热发电项目上网电价由当地省级价格主管部门制定，具备条件的可通过竞争性配置方式形成，上网电价高于当地燃煤发电基准价的，基准价以内的部分由电网企业结算。鼓励各地出台针对性扶持政策，支持光热发电等新能源产业持续健康发展。预计未来光热发电项目主要依托跨区域输电通道配套电源和多能互补项目，以竞争性配置方式进行开发建设。

预计未来三年首批光热发电示范项目投产情况如下表所示。

未来三年首批光热发电示范项目预计并网情况表

序号	项目名称	装机容量（万千瓦）	预计并网时间
1	玉门鑫能熔盐塔式光热发电项目	5	2021 年底前
2	深圳市金钒阿克塞熔盐槽式光热发电项目	5	2021 年底前

4 核电

4.1 2020 年发展概况

截至 2020 年底，我国在运核电机组 48 台，总装机容量为 4989 万千瓦，占我国电源总装机容量的 2.3%，占我国非化石电源装机容量的 5.2%。核电发展完成"十三五"规划目标的 74%。"十三五"期间我国核电装机容量年均增速为 12.9%，相比于"十二五"期间下降 7.8 个百分点。

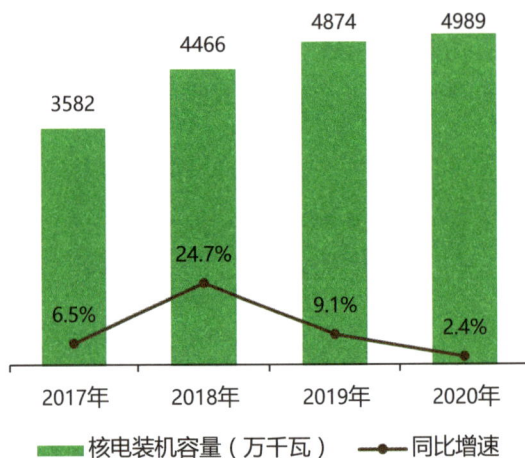

```
        3582      4466      4874      4989
        6.5%     24.7%      9.1%      2.4%
       2017年    2018年    2019年    2020年
```

■ 核电装机容量（万千瓦） —●— 同比增速

2017~2020 年我国核电装机容量及同比变化

数据来源：《电力工业统计资料汇编》（2017、2018、2019、2020 统计快报）

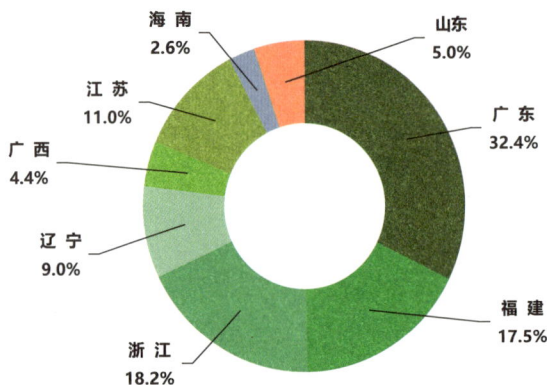

海 南 2.6%
江 苏 11.0%
广 西 4.4%
辽 宁 9.0%
浙 江 18.2%
山 东 5.0%
广 东 32.4%
福 建 17.5%

2020 年我国分地区核电装机容量占比

数据来源：《电力工业统计资料汇编》（2020 统计快报）

截至 2020 年底，我国核电集中在沿海的辽宁、山东、江苏、浙江、福建、广东、广西和海南八省（区）。其中，广东、福建、浙江三省核电装机合计 3393 万千瓦，占我国核电总装机的 68.1%。

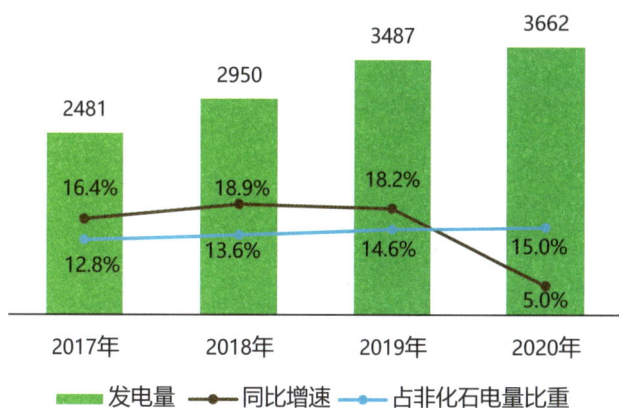

2481   2950   3487   3662

16.4%   18.9%   18.2%
12.8%   13.6%   14.6%   15.0%
                        5.0%

2017年   2018年   2019年   2020年

■ 发电量 —●— 同比增速 —●— 占非化石电量比重

2017~2020 年我国核电发电量及同比变化

数据来源：《电力工业统计资料汇编》（2017、2018、2019、2020 统计快报）

2020 年，我国核电发电量 3662 亿千瓦时，占我国电源总发电量的 4.8%，占非化石电源发电量的 15.0%。2020 年平均年利用小时数 7453 小时，同比增加 59 小时，连续四年稳步抬升。

2020 年投产的核电项目

省份	电站机组名称	单机容量（万千瓦）	机组台数（台）	投产时间
江苏	田湾核电站 5 号机组	111.8	1	2020 年 9 月

4.2 未来三年发展展望

1. 我国在建核电情况

截至 2020 年底，我国在建核电机组共 15 台，总装机容量约 1720 万千瓦，分布在辽宁、山东、江苏、福建、广东、广西、浙江七省（区）。其中，2020 年新开工机组 4 台，分别为：浙江三澳核电站 1 号机组、广东太平岭核电站 2 号机组、福建漳州核电站 2 号机组、国核示范工程 2

号机组。采用的技术包括华龙一号、国和一号、M310 改进、高温气冷堆等，其中，采用华龙一号技术的在建机组数量占比超过半数。

我国在建核电机组一览表（截至 2020 年底）

省份	机组	容量（兆瓦）	堆型	主要投资方	开工时间
辽宁	红沿河 5 ~ 6 号	2×1118.79	ACPR1000	广核	2015 年 3 月 /2015 年 7 月
山东	石岛湾高温气冷堆	1×211	HTR-PM	华能	2012 年 12 月
	石岛湾国核 228 示范工程 1 ~ 2 号	2×1534	CAP1400	国电投	2019 年 4 月 /2020 年 3 月
江苏	田湾 6 号	1×1118	M310 改进型	中核	2016 年 9 月
福建	福清 5 ~ 6 号	2×1150	华龙一号	中核	2015 年 5 月 /2015 年 12 月
	漳州 1 ~ 2 号	2×1150	华龙一号	中核	2019 年 10 月 /2020 年 9 月
广东	太平岭 1 ~ 2 号	2×1202	华龙一号	广核	2019 年 12 月 /2020 年 10 月
广西	防城港 3 ~ 4 号	2×1180	华龙一号	广核	2015 年 12 月 /2016 年 12 月
浙江	三澳 1 号	1×1208	华龙一号	广核	2020 年 12 月

数据来源：中国核能行业协会

注：福清 5 号机组已于 2021 年 1 月投入商业运行。

2. 未来三年投产核电项目

预计未来三年我国新投产的主要核电项目有：田湾核电厂 6 号机组，红沿河 5、6 号机组，福清 5、6 号，防城港 3、4 号和石岛湾核电厂高温气冷堆核电示范工程等。

田湾核电厂 6 号机组

田湾核电厂位于江苏省连云港市连云区境内，电厂规划装机容量为 8 台百万千瓦压水堆核电机组，1 ~ 4 号建设 4 台俄罗斯产 WER1000 型压水堆核电机组，5、6 号建设 2 台二代改进型压水堆核电机组。其中 1、2 号机组已于 2007 年 5 月和 8 月投入商业运行，3、4 号机组已于 2018 年实现并网发电，5 号机组已于 2020 年 9 月投入商运，6 号机组已于 2021 年 6 月具备商运条件。

田湾核电厂

红沿河核电厂 5、6 号机组

红沿河核电厂位于辽宁省瓦房店市红沿河镇境内，电厂规划建设 6 台百万千瓦级压水堆核电机组，一期已建成 4 台 CPR1000 型压水堆核电机组，二期 5、6 号建设 2 台二代改进型压水堆核电机组，1、2、3、4 号机组已分别于 2013 年 6 月 6 日、2014 年 5 月 13 日、2015 年 8 月 16 日和 2016 年 9 月 19 日正式投入商业运行，5、6 号机组预计 2021 年下半年实现并网发电。

红沿河核电厂

福清核电厂 5、6 号机组

福清核电厂位于福建省福清市三山镇境内，电厂规划建设 6 台百万千瓦级压水堆核电机组，一、二期已建成 4 台 CPR1000 型压水堆核电机组，三期 5、6 号建设 2 台"华龙一号"三代压水堆核电机组，1、2、3、4 号机组已分别于 2014 年 12 月 27 日、2015 年 10 月 16 日、2016 年 10 月 24 日和 2017 年 9 月 17 日正式投入商业运行，5 号机组已于 2021 年 1 月投入商运，6 号机组预计 2021 年下半年实现并网发电。

福清核电厂

防城港核电厂 3、4 号机组

防城港核电厂位于广西壮族自治区防城港市港口区光坡镇境内，电厂规划建设 6 台百万千瓦级压水堆核电机组，一期已建成 2 台 CPR1000 型压水堆核电机组，二期 3、4 号建设 2 台"华龙一号"三代压水堆核电机组，1、2 号机组已分别于 2016 年 1 月 1 日、2016 年 10 月 8 日正式投入商业运行，3、4 号机组预计 2022~2023 年实现并网发电。

防城港核电厂

石岛湾核电厂高温气冷堆核电示范工程

石岛湾核电厂位于山东省威海市辖荣成市宁津镇境内，厂址规划建设 1 台 200 兆瓦高温气冷堆（双堆带一机）+4 台百万千瓦级压水堆核电机组 +2 台 CAP1400 大型先进压水堆核电机组。高温堆示范工程是国家正在实施的 16 个重大科技专项之一，工程已于 2012 年 12 月开工建设，于 2020 年 11 月完成双堆冷试，预计 2021 年底实现并网发电。

石岛湾核电厂高温气冷堆核电示范工程

5 气电

5.1 2020 年发展概况

截至 2020 年底，我国气电总装机容量 9802 万千瓦，同比增长 8.6%，占我国电源总装机容量的 4.5%，增速有所回升。气电发展完成"十三五"规划目标的 73%。

2020 年，我国气电发电量 2485 亿千瓦时，同比增长 6.9%，占我国发电量的 3.3%。

气电装机保持平稳增长

气电装机
↑ 8.6%

总装机
9802 万千瓦

图中数据：
2017年 7580，8.1%，4.2%
2018年 8375，10.5%，4.4%
2019年 9024，7.7%，4.5%
2020年 9802，8.6%，4.5%

装机容量（万千瓦） 同比增速 占总装机比例

2017~2020 年我国气电装机容量及同比变化

数据来源：《电力工业统计资料汇编》（2017、2018、2019、2020 统计快报）

图中数据：
2017年 2028，7.7%，3.1%
2018年 2155，6.3%，3.1%
2019年 2325，7.9%，3.2%
2020年 2485，6.9%，3.3%

发电量（亿千瓦时） 同比增速 占总发电量比例

2017~2020 年我国气电发电量及同比变化

数据来源：《电力工业统计资料汇编》（2017、2018、2019、2020 统计快报）

受气源、气价等因素影响，新增投产项目仍主要集中在经济较发达地区。广东、浙江、江苏、北京、上海五省（市）气电装机容量合计约 7362 万千瓦，占比约 75.1％。

气电主要集中在经济发达地区

广东、浙江、江苏、北京、上海五省（市）气电装机合计占比
75.1%

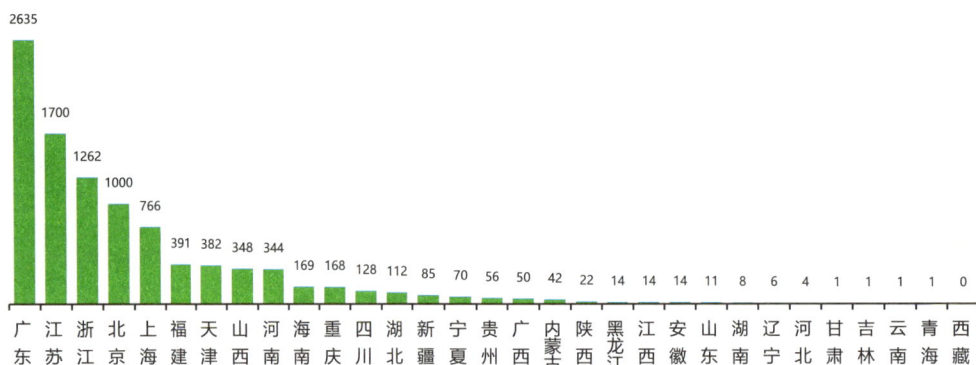

广东	江苏	浙江	北京	上海	福建	天津	山西	河南	海南	重庆	四川	湖北	新疆	宁夏	贵州	广西	内蒙古	陕西	黑龙江	江西	安徽	山东	湖南	辽宁	河北	甘肃	吉林	云南	青海	西藏
2635	1700	1262	1000	766	391	382	348	344	169	168	128	112	85	70	56	50	42	22	14	14	14	11	8	6	4	1	1	1	0	

2020 年我国分地区气电装机容量（万千瓦）

数据来源：国家能源局

5.2 未来三年发展展望

未来三年我国新增气电 3000 万千瓦左右

受天然气价格机制、供应不确定等因素影响，短期内我国天然气发电将以调峰为主，保障沿海地区高峰时段用电。预计未来三年我国新增气电 3000 万千瓦左右，增量重点布局在西气东输沿线地区以及价格承受力较高、气源较为落实的中东部沿海地区。

气电发展仍存在较大不确定性

气电发展主要受气源和气价因素影响。气源方面，我国能源禀赋少气，天然气对外依存度超过 40％，在极寒天气等极端情况下，按照"压非保民"原则，发电用气供应存在很大不确定性。气价方面，我国天然气价格长期居高不下，天然气发电成本远高于煤电。此外，在"碳达峰、碳中和"背景下，天然气发电实施碳捕集将进一步增加运行成本。

燃气轮机关键核心技术将逐步实现国产化

为加快突破燃气轮机关键核心技术装备"卡脖子"问题，2019 年国家能源局正式启动燃气轮机示范工作，明确就 22 个燃气轮机型号和 2 个运维服务项目开展示范，项目总规模约 373.7 万千瓦，涵盖重型燃气轮机和系列中小微型燃气轮机。预计"十四五"期间示范项目可陆续完成技术装备攻关和工程建设。

6 煤电

6.1 2020 年发展概况

截至 2020 年底，我国煤电装机容量 107992 万千瓦，占我国电源总装机容量的 49.1%。2020 年煤电装机容量同比增长 3.8%，投产规模较上年增加约 700 万千瓦。

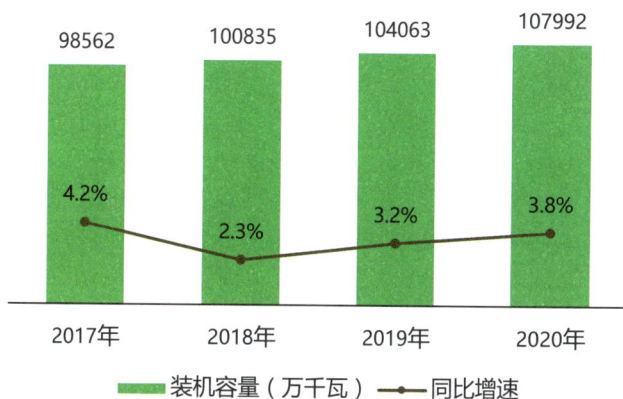

2017~2020 年我国煤电装机容量及同比变化

数据来源：《电力工业统计资料汇编》（2017、2018、2019、2020 统计快报）

截至 2020 年底，我国山东、内蒙古、江苏、广东、河南、山西、新疆、安徽八省（区）煤电装机容量超过 5000 万千瓦，占我国煤电总装机容量的 53.9%。

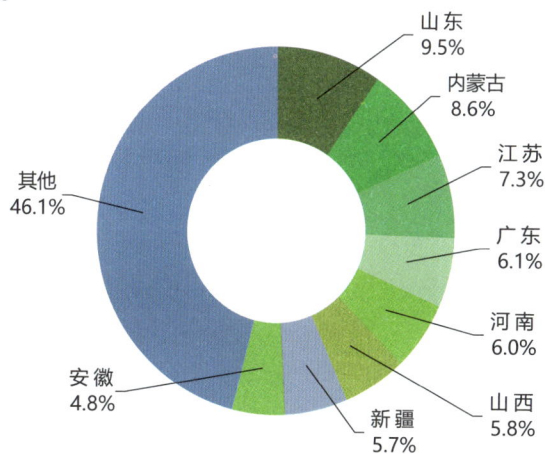

2020 年我国分地区煤电装机容量占比

数据来源：《电力工业统计资料汇编》（2020 统计快报）

煤电装机小幅增长

煤电占总装机比例降至
50% 以下

煤电装机
↑ **3.8%**

总装机
107992 万千瓦

2020 年我国分地区煤电装机容量（万千瓦）

数据来源：《电力工业统计资料汇编》（2020 统计快报）

煤电利用小时数
4340 小时

较去年
↓ **89** 小时

2020 年，我国煤电发电量 46316 亿千瓦时，占我国总发电量的 60.8%。2015 年以来我国煤电年发电量保持平稳，略有增加。2020 年，我国煤电利用小时数 4340 小时，同比降低约 89 小时。

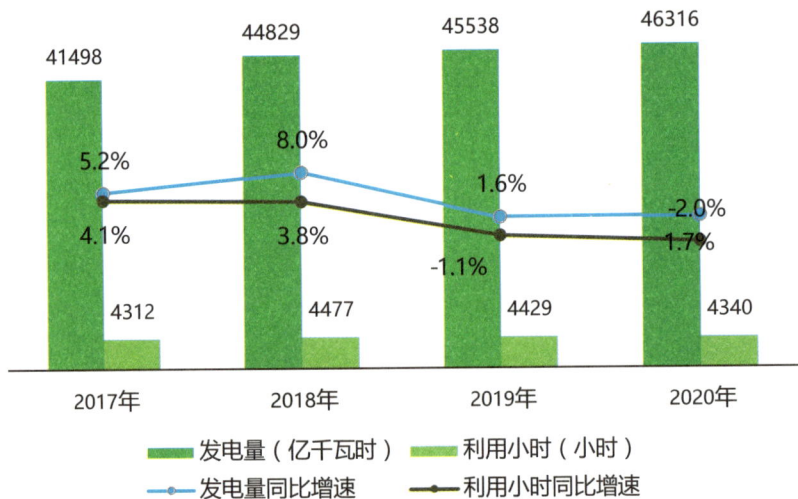

2017~2020 年我国煤电发电量及同比变化

数据来源：《电力工业统计资料汇编》（2017、2018、2019、2020 统计快报）

近年来，国家陆续出台了一系列推动煤电有序发展的政策措施，连续多年发布煤电规划建设风险预警，深入推进煤电行业供给侧结构性改革，不断促进煤电行业优化升级。在统筹推进煤电有序发展和电力热力安全供应的基础上，防范化解煤电产能过剩风险成效显著，2020 年全国煤电仅投产 3929 万千瓦，累计装机控制在 11 亿千瓦以内，达成电力发展"十三五"规划目标。

截至 2020 年底，全国达到超低排放限值的煤电机组已达 9.5 亿千瓦，占总装机容量的 88%，全球最大规模超低排放煤电供应体系逐步完善。

全国累计完成节能改造煤电机组约 8 亿千瓦以上，其中，"十三五"期间累计完成改造 5.2 亿千瓦，超额完成"节能改造约 3.4 亿千瓦"的目标。"十三五"期间我国煤电供电标准煤耗率由 315 克标煤／千瓦时降至约 310 克标煤／千瓦时，达到世界先进水平，完成《煤电节能减排升级与改造行动计划（2014–2020 年）》（发改能源〔2014〕2093 号）中提出的目标要求。

全国达到超低排放限值煤电机组已达

9.5 亿千瓦

全国累计完成节能改造煤电机组约

8 亿千瓦以上

6.2 未来三年煤电发展展望

1. 严控煤电新增规模

"十三五"以来，电力需求增长回暖，电力供需由相对宽松、局部过剩的状态逐步转向总体平衡、局部偏紧，实施有序用电的范围持续扩大、规模明显增加。未来三年我国电力保障的主要矛盾将由化解煤电过剩产能转变为在大力发展非化石能源基础上，合理指导各地区核准、建设和投产支撑性电源，严控煤电项目，避免电力供需形势大起大落。因此，亟须将煤电规划建设风险预警体系调整为电力供需平衡预警体系。

近年来，为支撑新能源高比例发展，煤电利用小时数持续下滑，煤电企业各项财务指标不断恶化，电力安全保障面临威胁。为确保电力安全稳定供应，亟待加快形成保障煤电健康发展的长效机制，坚持市场化方向深化燃煤机组上网电价形成机制改革；研究制定煤电两部制电价机制，充分客观反映煤电机组电力供应保障的价值；研究完善煤电联营支持政策，保障煤电企业稳定经营。

▣ **电力供需矛盾转变，预警体系亟须调整**

2. 煤电清洁高效发展

预计未来三年，全国将进一步应用推广低氮燃烧、高效除尘及脱硫等超低排放关键技术和设备，继续推进现役煤电机组实施污染物超低排

▣ **煤电清洁利用水平将不断提升**

放改造，持续实施煤电机组节能改造。预计 2023 年我国火电机组平均供电标煤耗降低至约 302 克标准煤 / 千瓦时，与 2020 年相比降低约 4 克标准煤 / 千瓦时。

3. 煤电灵活性提升

截至 2020 年底，"三北"地区煤电灵活性改造已完成约 8241 万千瓦，其中东北、西北、华北改造规模分别为 3378 万千瓦、3678 万千瓦、1185 万千瓦。

综合考虑电力需求增长、新能源布局进一步优化、电网侧调峰能力增强、辅助服务市场稳步推广、需求侧管理手段进一步释放等因素，预计未来三年我国煤电灵活性改造需求约为 1 亿千瓦，主要集中在"三北"地区。

4. 煤电低碳化转型

随着"碳达峰、碳中和"战略目标的提出，及全国碳排放权交易市场建设的推进，煤电低碳化转型势在必行。

煤电低碳化转型应双管齐下。一方面，应积极推动源头碳减排，直接减少化石能源消费量。具体技术包括 3 类：继续推进节能提效，降低煤耗，作为附加效益可减排 1% ~ 3%；提升灵活调节能力，促进新能源消纳，降低电力行业总体碳排放水平；推广应用燃煤耦合生物质发电，消纳生物质资源（农林废弃物、市政污泥、生活垃圾），通过"碳中性"燃料替代燃煤，作为附加效益可减排 5% ~ 20%。另一方面，应继续加大末端碳减排力度，重点推进规模化、低成本碳捕集技术研发，并适时开展碳捕集、运输、封存全流程工程示范。

7 生物质发电

7.1 2020 年发展概况

截至 2020 年底,我国生物质发电总装机容量 2909 万千瓦,占我国电源总装机容量的 1.3%,装机容量较上年增长 29.1%,增速较上年提高 14.1 个百分点。其中,垃圾焚烧发电规模保持了较高增长,新增装机达 308 万千瓦,累计装机容量达到 1522 万千瓦。

2020 年,我国生物质装机发电量 1326 亿千瓦时,较上年增长 19.4%,占我国发电量的 1.7%。

■ 生物质发电装机增速提高

2017~2020 年我国生物质发电装机容量及同比变化

数据来源:国家能源局

2017~2020 年我国生物质发电量及同比变化

数据来源:国家能源局

生物质发电受资源条件、地方支持政策等多重因素影响，随着国家层面政策退坡，地方政策影响将愈加显著，发达地区的财政支持力度和垃圾、污泥、农林废弃物处置需求有望推动生物质发电在部分地区更快发展。截至 2020 年底，山东、广东、江苏、浙江、安徽省生物质发电装机容量合计约 1344 万千瓦，占比约 46.2%，较 2019 年稍有下降。

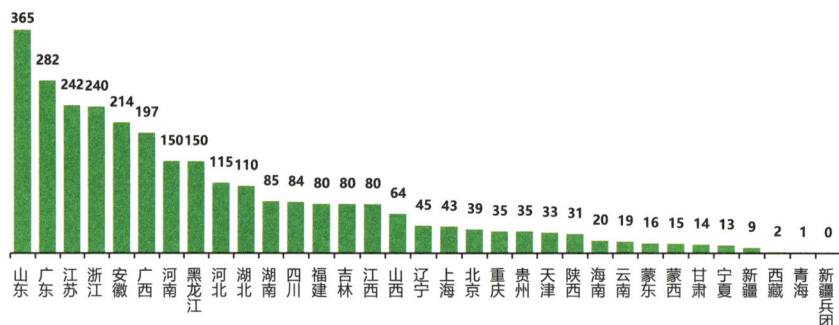

2020 年我国分地区生物质发电装机容量（万千瓦）

数据来源：国家能源局

7.2 未来三年发展展望

▣ 生物质发电装机增速有望稳中有升

未来三年，受"碳达峰、碳中和"目标影响，各地方政府和发电集团有望调增生物质发电规划目标，并更加积极地推动项目实施，预计生物质发电年均新增装机规模可达 250 万千瓦～ 300 万千瓦，主要以垃圾焚烧发电为主。

▣ 需加快制定、实施国家级生物质发电中长期发展战略

"碳达峰、碳中和"目标下，生物质发电能够提供稳定、可靠的非化石电力及电量，是其他可再生能源的有益补充，还可在一定负荷范围内为电力系统提供调节服务。随着城镇化率的提高，规模化农业发展也为垃圾、污泥、农林废弃物等生物质资源的处置创造了需求和条件。因此，需要加快制定、实施国家级生物质发电中长期发展战略，并提出全国及分省的专项发展规划，以明确生物质发电的发展原则和中长期目标，为市场提供更加明确的发展预期，吸引各方资本投资建设生物质发电项目，助力"碳达峰、碳中和"目标的实现，并推动解决城镇农村因各类生物质资源造成的环保难题。

8 电源技术创新

8.1 掺氢 / 纯氢燃机技术

掺氢 / 纯氢燃机技术是未来氢能利用产业中的主要方向之一。掺氢 / 纯氢燃机发电及供热可实现氢与电、热在不同应用场景及规模下的能源转换，在大规模可再生能源接入电网时，掺氢 / 纯氢燃机可作为灵活性支撑电源，保障电力系统安全可靠运行。

燃氢燃机示意图

开发掺氢 / 纯氢燃气轮机不仅涉及到掺氢后燃烧本身的变化，还涉及燃气轮机整机系统匹配，以及掺氢后高温火焰带来的氮氧化物生成增加、超温保护系统、控制系统升级等问题。掺氢 / 纯氢燃气轮机已成为全球燃机厂的关注热点，世界主要燃机供应商西门子、通用电气、三菱、安萨尔多等纷纷对掺氢燃机或纯氢燃机进行重点攻关，并陆续推出相应的产品。我国目前尚处于燃气轮机国产化进程的关键阶段，对掺氢 / 纯氢燃机技术的研究仍然处于理论研究阶段。

燃氢燃气轮机国际发展现状

制造商	掺氢 / 纯氢燃气轮机进展
西门子	主流重型燃机燃氢能力 30%，部分小燃机，如 SGT-600，燃氢达到 60%。计划 2030 年实现燃氢 100% 重型燃气轮机。
通用电气	2021 年将在美国 Long Ridge 电站，利用附近工业副产品氢建成掺氢 (15 ~ 20%) 电站，采用 7HA.02 燃气轮机，功率 485 兆瓦，计划在未来十年内过渡至纯氢。
三菱日立	重点利用"蓝氢"与"绿氢"；2024 年将在荷兰 Vattenfall/Nuon 电站建成世界首台 100% 纯氢燃机电站，采用 701F4 燃气轮机，功率 440 兆瓦。
安萨尔多	AE94 的燃氢能力在 30% 左右；GT36 的燃氢能力则可以达到 50% 以上，2019 年部件试验实现超过 70% 掺氢。

资料来源：中国联合重型燃气轮机技术有限公司

国内如上海电气、中国重燃等单位已启动掺氢燃气轮机技术研发，开展了掺氢量 0% ~ 20% 的混合燃料燃烧机理研究，后续拟在全温全压试验台测试燃烧器对掺氢量 0% ~ 15% 混合燃料的适应性，并根据市场需求实施掺氢 10% 燃气轮机技术推广。

8.2 燃料电池发电技术

根据电解质种类的不同，燃料电池分为质子交换膜燃料电池（PEMFC）、固体氧化物燃料电池（SOFC）、熔融碳酸盐燃料电池（MCFC）、碱性燃料电池（AFC）、磷酸型燃料电池（PAFC）等。

主要燃料电池特点

种类	工作温度℃	燃料	氧化剂	电解质腐蚀性	主要使用场景
AFC	≤ 60	氢气	纯氧	中	航空航天
PEMFC	80 ~ 100	氢气	空气	无	航空航天、交通工具、分布式发电
PAFC	≤ 200	氢气	空气	强	固定式发电
MCFC	600 ~ 700	氢气、水煤气等	空气	强	固定式发电、热电联产
SOFC	> 800	氢气、水煤气等	空气	无	固定式发电、热电联产

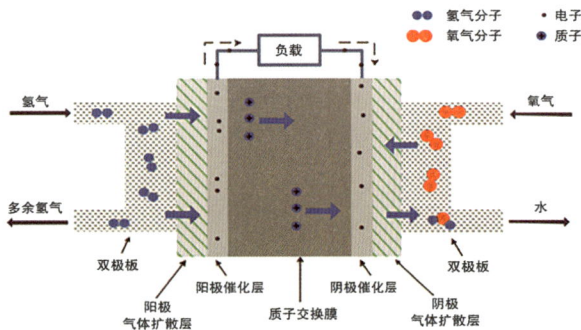

PEMFC 工作原理图

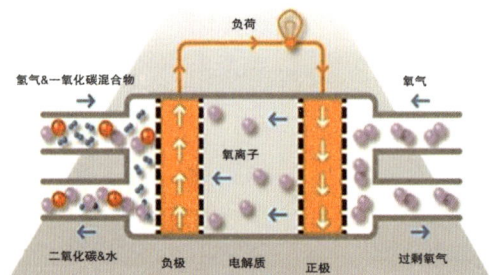

SOFC 工作原理图

质子交换膜燃料电池（PEMFC）具有很高的比功率，工作温度较低，启动时间短，适合作为便携式电源和新能源汽车车载电源，目前主要发展瓶颈是铂催化剂价格昂贵，且对燃料杂质敏感。

固体氧化物燃料电池（SOFC）燃料适应性广，具有工作温度高、发电效率高、全固态、易于模块化组装等特点，适用于分布式发电及热电联供系统，也可作为汽车、轮船等交通工具的动力电源。当 SOFC 反向运行，可作为电解水制氢装置，与弃风、弃光组成发电、储能联合系统。目前存在的主要技术问题是高温环境对材料要求苛刻，启动时间较长。

国内车用燃料电池推广应用取得了丰富成果，而在固定式发电、热电联产领域发展相对滞后。燃料电池用于固定式发电、热电联产时，由于具备容量更大、运行工况更加稳定、辅助系统便于集成设置、余热利用更加便捷等特点，其效率优势更加突出，因此，固定式大容量燃料电池越来越受到重视，未来有望成为氢能利用的重要途径。

SOFC 燃料电池是固定式燃料电池的主要类型之一。在 SOFC 技术领域，我国基础研究相对薄弱，核心技术匮乏，尚无长期运行的示范系统，技术积累有限，与国外先进水平存在较大差距，亟须通过关键技术突破和示范试验系统建设推动中国 SOFC 应用研究。

2020 年 10 月中旬，国家能源集团北京低碳清洁能源研究院自主研发的国内首套 20 千瓦级固体氧化物燃料电池（SOFC）发电系统在宁夏煤业实验基地一次试车成功，达到运行条件，设计工况功率 15 千瓦，实际功率 15.7 千瓦。

8.3 超临界 CO_2 发电技术

超临界二氧化碳（$S-CO_2$）循环发电技术可以利用煤炭、天然气、核能、太阳能、生物质和余热等多种能源形式作为热源，利用 CO_2 近临界点的物性剧烈变化的特性，以超临界状态 CO_2 作为工质进行布雷顿动力循环。$S-CO_2$ 循环发电技术是一种先进的热功转换技术，调节速率快、灵活高效，尤其是当采用太阳能、核能等作为热源时可以显著提高非化石能源消费比重，是我国能源低碳转型、实现碳中和目标的重要途径之一。

$S-CO_2$ 循环发电技术具有功率密度高、单位体积做功能力强的优势。相比于传统蒸汽朗肯循环系统，相同工质参数（>550 摄氏度）条件下发电效率可提高 2% ~ 3%；在工质参数 32 兆帕，620 摄氏度条件下，300 兆瓦等级机组发电效率可以突破 50%。根据具体循环形式的差异，$S-CO_2$ 循环发电技术目前有两个技术流派：1. 闭式循环；2. 半闭式循环。

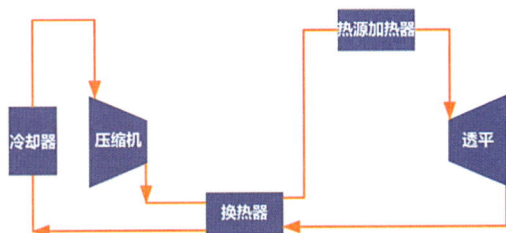

闭式 $S-CO_2$ 布雷顿循环工艺流程示意图　　　　　　半闭式 $S-CO_2$ 布雷顿循环工艺流程示意图

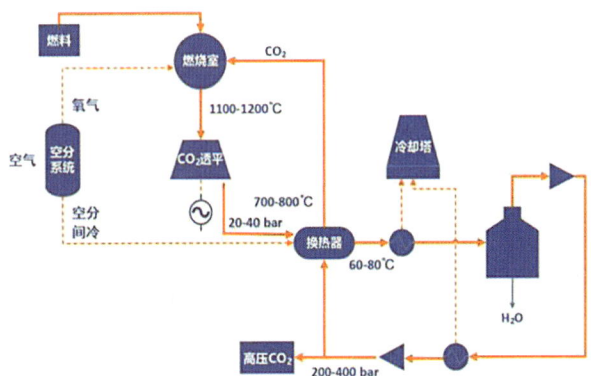

闭式 S-CO$_2$ 循环发电系统工艺流程是：低温低压的 S-CO$_2$ 工质经过压缩机升压后，通过回热器和透平排出的乏气（高温侧）进行预热，然后被热源进一步加热，再进入透平膨胀做功；做完功乏气由气缸排出，进入回热器与压缩机排出的低温高压工质换热，达到预冷的目的，而后进入冷却器进一步冷却，最后进入压缩机压缩完成了整个循环。

半闭式 S-CO$_2$ 发电循环系统是以 S-CO$_2$、气体燃料（天然气或煤基合成气）、氧气在高压燃烧室内混合燃烧，燃烧后的气体驱动燃机透平膨胀做功。由于采用了富氧燃烧，燃烧生成物只有 CO$_2$、H$_2$O 和极少量的杂质气体，半闭式循环便于进行低成本的 CO$_2$ 捕集。

S-CO$_2$ 循环发电系统近年来成为国内外的研究热点，被认为可能是未来热功动力循环领域的颠覆性技术。美国在 S-CO$_2$ 发电技术研发方面走在了世界前列，已于 2019 建成目前世界范围内首座半闭式 25MWe S-CO$_2$ 循环试验电站（燃气）。欧盟目前正在开展闭式 25MWe 煤基 S-CO$_2$ 循环机组的设计工作。

我国西安热工研究院目前正在进行"超临界二氧化碳高效火力发电机组关键技术研究及试验平台建设"的研究工作，已建成 5MWe S-CO$_2$ 循环发电试验平台（最高压力 21.5 兆帕，最高温度 600 摄氏度，最大流量 306 吨/小时），已经完成锅炉水压试验。

华能集团西安热工院 5MW S-CO$_2$ 循环发电试验平台
（图片来源：西安热工研究院）

9 电源国际合作

9.1 水电

中国能建葛洲坝集团签约尼日尔坎大吉水电项目

2020 年 9 月，中国能建葛洲坝集团签署坎大吉水电站项目机电标合同，合同金额约 1.13 亿美元。该项目由世界银行和法国开发署共同融资。此次签订的机电标合同内容主要包括 4 台单机 3.25 万千瓦卡普兰水轮机组的设计、供货和安装以及外输升压站基础等相关配套设施的建设。

三峡集团中水电公司总承包苏阿皮蒂水利枢纽工程首台机组成功投产发电

几内亚苏阿皮蒂项目首台机组顺利完成 72 小时试运行，于 2020 年 11 月正式投产发电。苏阿皮蒂水利枢纽工程由三峡集团中水电公司总承包，水电三局承建施工。该枢纽电站总库容 74.89 亿立方米，装机容量 450 兆瓦，年发电量 20.16 亿千瓦时，混凝土浇筑总量约 360 万立方米，大坝坝轴线总长 1164 米，最大坝高 120 米，是孔库雷河流域梯级开发中最大水电站，也是几内亚装机最大的水电站，被几内亚人民誉为"几内亚的三峡工程"。

9.2 核电

中核集团华龙一号海外首堆开始装料

2020 年 11 月，中核集团华龙一号海外首堆巴基斯坦卡拉奇核电工程 2 号机组（K-2）正式开始装料，标志着该机组进入带核调试阶段，为后续临界、并网发电奠定坚实基础。这是中国自主三代核电华龙一号海外建设取得的重大里程碑，也是双方巩固深化中巴全天候战略合作伙伴关系、推进中巴核能合作的重要成果，将增强华龙一号在"一带一路"沿线国家的影响力和竞争力。K-2、K-3 机组功率约为 110 万千瓦，每台机组建成后年发电量近百亿千瓦时，将为巴基斯坦人民带来安全清洁能源。项目的建设还带动了巴基斯坦相关产业发展，为巴方提供了一万余个就业岗位。

9.3 新能源发电

中国能建葛洲坝集团签约尼日尔阿加德兹柴光互补储能电站项目

2020 年 7 月，中国能建葛洲坝集团与尼日尔国家电力公司签署尼日尔阿加德兹柴光互补储能电站现汇项目商务合同。该项目位于尼日尔阿加德兹大区提米亚、迪尔库和比尔玛等 5 座城镇，未来将拓展至 17 座城镇，工程内容包括 2876 千瓦光伏发电系统和 4345 千瓦时的储能系统以及相关附属设施的设计、供货和安装。该项目由世界银行融资，为尼日尔乡村电气化框架项目之一。建成后，将改变上述城镇无电现状，提高清洁能源利用率，助力沙漠地区减贫。

中国中电科电子装备集团与土耳其合作建设的光伏产业园正式落成

2020 年 8 月，中国中电科电子装备集团有限公司和土耳其 Kalyon 公司合作建设的土耳其光伏产业园正式落成，土耳其总统埃尔多安、国库与财政部长阿尔巴伊拉克、能源部长登梅兹等出席落成典礼。该项目是土耳其第一个也是唯一的光伏全产业链项目，标志着土耳其拥有了完全自主的光伏生产线。中方提供涵盖拉晶、切片、电池、组件的 500 兆瓦光伏全产业链交钥匙工程以及配套的工艺技术、人员培训等。

华能控股投资英国门迪储能项目进入冷调试阶段

2020 年 8 月，由中国华能控股开发的欧洲最大储能项目——英国门迪电池储能项目开始冷态调试，标志着项目进入最后攻坚阶段。门迪项目是中国电力企业首次在发达国家建设的储能项目，由中国华能与国新国际共同出资，华能香港公司运营管理。项目位于英国威尔特郡门迪镇附近，规划装机容量 99.8 兆瓦，主要设备由中国企业制造和集成，采用磷酸铁锂和三元锂电池技术，国产率超过80%。

国家电投中国电力国际公司投资建设中亚最大风电项目首批风机并网

2020 年 9 月，由国家电投中国电力国际公司投资建设的哈萨克斯坦札纳塔斯 100 兆瓦风电项目首批风机并网，标志着这一中亚地区装机容量最大的风电项目正式开始送出绿色电力。札纳塔斯风电项目位于哈萨克斯坦江布尔州萨雷苏区札纳塔斯市南 9 公里。项目总投资约 1.6 亿美元，规划建设40 台 2.5 兆瓦智能风电机组。项目于 2020 年 7 月正式开工建设，采用中国资本、中国技术和国际标准，是中哈产能合作清单首批重点能源项目之一。项目全容量投产后，每年可发电 3.5 亿度，将改写哈萨克斯坦南部地区缺电现状，为哈萨克斯坦能源体系实现"去碳化"发挥示范作用。

中电装备承建的埃塞俄比亚光伏电站竣工

2020 年 10 月，由中国电力技术装备有限公司承建的埃塞俄比亚索马里州离网光伏电站正式竣工并投运。该项目预计年发电量为 142 万千瓦时，将为当地 2000 多户居民提供清洁电力能源，并提高当地居民用电的稳定性和可靠性。

明阳集团将在巴西建设南美首座海上风场

2020 年 10 月，明阳新能源投资控股集团宣布与巴西塞阿拉州的工业与港口综合公司签订了合作备忘录，将在 2022 年初建设南美地区第一座海上风电项目。塞阿拉州拥有 573 公里长的海岸线，是巴西最具海上风电开发潜力的区域，全州海上风电开发潜能可达 1.17 亿千瓦。

中集集团签署海上风电 EPC 合同

2020 年 10 月，中集集团来福士海洋工程有限公司近日与挪威 OIMWind 风电公司签署了全球最大的 BT-2201 海上风电安装船 EPC 开发合同，主要负责船体设计和建造工作。预计该船将于 2022 年底正式投入商用。

天富能源签署越南九龙区 56 万千瓦风电项目

2020 年 11 月，中企天富能源股份有限公司与日企 QueenCapitalFinance、Lee&Lee 股份有限公司联合签署了一份关于在缤智省合作开发两个总装机容量为 56 万千瓦的风电场项目的谅解备忘录。该风电项目将分两期开发，项目包括一个容量为 43 万千瓦的近海风电项目和一个 13 万千瓦陆上风电项目。项目投运后，预计每年生产 17 亿千瓦时的电力，为当地居民创造 200 多个就业机会。

中国能建葛洲坝集团签署越南最大海上风电项目

2020 年 11 月，葛洲坝与越南建设贸易股份公司签署了越南金瓯 1 号海上风电项目 EPC 合同。项目位于越南金瓯省南根县三江东社滩涂区域，总装机容量 35 万千瓦，共分为 A、B、C、D 四个风场，是目前越南最大的潮间带风电，同时也是越南最大的风电项目。

9.4　火电

国家能源集团国华印尼爪哇 7 号燃煤发电项目全面建成

2020 年 8 月，国家能源集团国华印尼爪哇 7 号项目 2×105 万千瓦燃煤发电工程 2 号机组首次顺利并入印尼爪哇巴厘电网，标志着项目全面建成。爪哇 7 号项目 2 号机组并网期间各项主要经济技术指标均达到或优于设计值，主要环保指标均优于印尼当地排放标准。爪哇 7 号项目是中国出口海外的首台百万千瓦机组，也是目前印尼单机容量最大的发电机组。该项目集合了中国成熟先进的燃煤发电技术，属于国家级大型电力合作项目。项目采用 BOOT 模式，国家能源集团下属中国神华于 2015 年中标爪哇 7 号项目，并与印尼国家电力公司共同组建神华国华（印尼）爪哇发电有限公司，负责项目的开发、建设、运营工作。

四

电网发展

Power Grid Development

1 输电网

1.1 2020 年发展概况

1. 输电网规模

　　截至 2020 年底，全国 220 千伏及以上输电线路长度 79.4 万公里，同比增长 4.6%，较 2019 年上升约 0.5 个百分点，其中，交流线路 74.8 万公里，直流线路 4.6 万公里。220 千伏及以上变电设备容量 45.3 亿千伏安，同比增长 4.9%，其中，交流变电设备容量 41.0 亿千伏安，直流换流容量 4.3 亿千瓦。

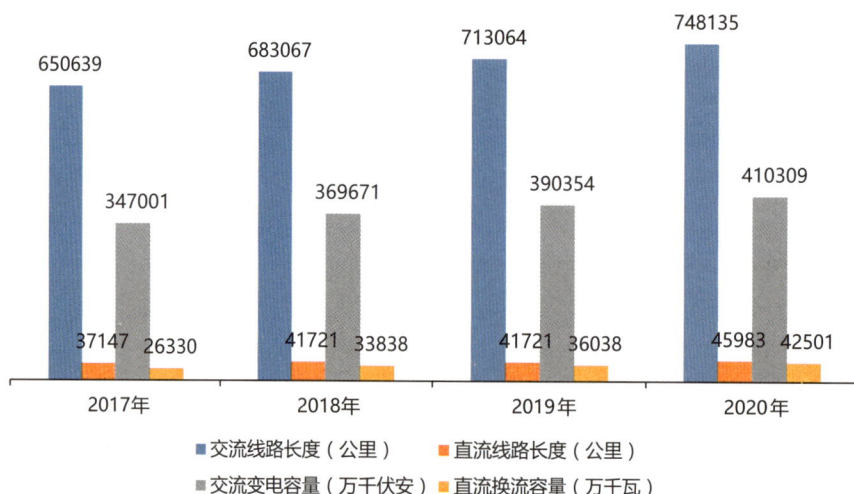

我国输电网建设情况

数据来源：《电力工业统计资料汇编》（2020 统计快报）

　　2020 年，全国新增 220 千伏及以上交流输电线路 3.1 万公里，其中 220 千伏线路 18768 公里，占 61.4%；330 千伏线路 1566 公里，占 5.1%；500 千伏线路 7424 公里，占 24.3%；750 千伏线路 1090 公里，占 3.6%；1000 千伏线路 1736 公里，占 5.7%。

　　2020 年，全国新增 220 千伏及以上变电容量 2.2 亿千伏安，其中 220 千伏变电容量 9275 万千伏安，占 41.6%；330 千伏变电容量 1098

万千伏安，占 4.9%；500 千伏变电容量 8255 万千伏安，占 37.0%；750 千伏变电容量 1860 万千伏安，占 8.3%；1000 千伏变电容量 1800 万千伏安，占 8.1%。

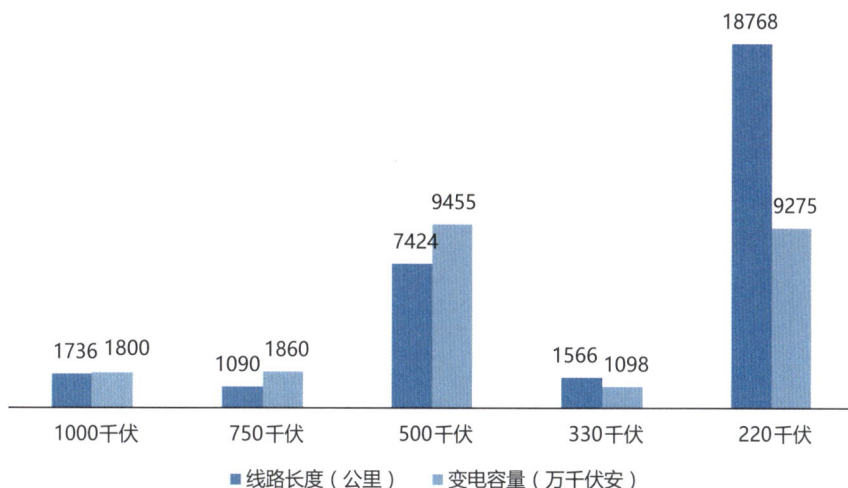

2020 年新增 220 千伏及以上交流电网线路及变电容量

数据来源：《电力工业统计资料汇编》（2020 统计快报）

2. 西电东送

截至 2020 年底，我国西电东送规模约 2.7 亿千瓦，同比增长 6.4%。其中，北通道为 7389 万千瓦，与去年持平；中通道为 13588 万千瓦，同比增长 6.3%；南通道为 5572 万千瓦，同比增长 16.8%。

西电东送规模
2.7 亿千瓦

2020 年西电东送规模（万千瓦）

数据来源：相关工程可行性研究报告、电网公司

2020 年各省间主要断面输电能力如下：

2020 年各省间主要断面情况

区域	主要断面	省间联络线路回路数						设计输电能力万千瓦
		330千伏	500千伏	750千伏	1000千伏	±500千伏	±800千伏	
东北	辽－吉、蒙断面	12				1		1370
	黑－吉断面	4						320
华北	蒙西－京津冀断面	4						420
	山西－京津冀断面	11			4			2700
	京津冀－山东断面	4			6			2400
西北	新疆－甘肃断面			4				300
	甘肃－陕西断面			4				700
	甘肃－青海断面			6				430
	甘肃－宁夏断面			4				700
华中	渝－鄂断面注					2		500
	川－渝断面		6					600
	鄂－湘断面		3					260
	鄂－豫断面		4		1			500
	鄂－赣断面		3					300
	川－藏断面		2					川－藏 70 藏－川 100
华东	皖－江浙沪断面		7		4			1950
	闽－江浙沪断面		2		2			450
南方	云南出口断面注					5	4	4220
	贵州出口断面		5			2		1150
	两广断面		8			5	4	4290

数据来源：相关工程可行性研究报告

注：渝鄂断面输电能力为渝鄂背靠背联网，云南出口断面输电能力含鲁西背靠背异步联网。

2020 年，全国实现省间交易电量约 13882 亿千瓦时，增速企稳，保持 10% 以上的快速增长。

省间交易电量保持快速增长

全国省间交易电量
↑ 10.8 %

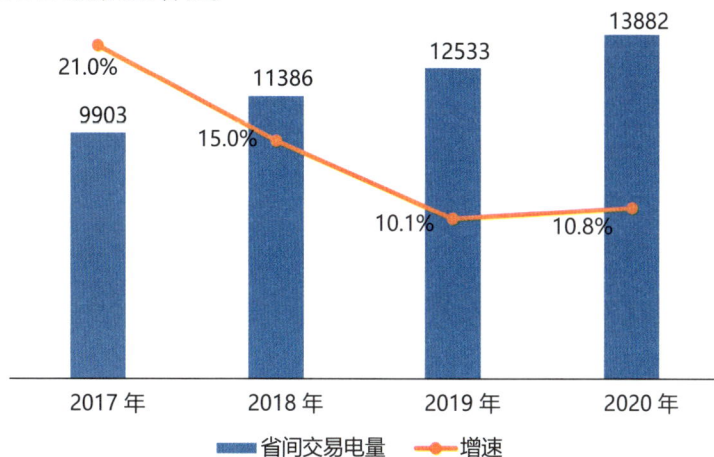

2020 年省间交易电量（亿千瓦时）

数据来源：北京电力交易中心、广东电力交易中心

3. 电网结构与格局

目前，全国已形成东北、华北、西北、华东、华中、南方六大区域电网格局。其中，东北形成了 500 千伏主网架结构，华北形成了"两横三纵一环网"交流特高压主网架，西北形成了 750 千伏主网架，华东形成 1000 千伏特高压环网，华中东四省与川渝藏电网实现异步互联，川渝电网实现了与藏中的 500 千伏联网，南方电网形成了"八交十一直"的西电东送主网架。截至 2020 年底，全国 330 千伏及以上跨区、跨省交流输电线路约 185 条，线路长度约 32150 公里；直流输电线路（含背靠背）共 32 条，线路长度 44633 公里，直流背靠背工程 5 项。

东北电网

东北电网目前已发展成为北与俄罗斯"直流背靠背"联网、南部和西部分别与华北电网"直流背靠背"和"直流特高压"联网、自北向南交直流环网运行的区域性电网，500 千伏主网架已经覆盖东北地区的绝大部分电源基地和负荷中心。截至 2020 年底，东北区域（含内蒙古东部地区）内 500 千伏及以上变电容量 13800 万千伏安；500 千伏及以上交流线路长度约 27342 公里；直流输电线路（含背靠背）4 条，额定输电容量 1675 万千瓦（包括扎鲁特输送容量）。

500 千伏及以上变电容量
13800 万千伏安

500 千伏及以上交流线路长度
27342 公里

500 千伏及以上变电容量
48361 万千伏安

500 千伏及以上交流线路长度
55688 公里

华北电网

华北地区已建成胜利—锡盟—北京东—天津南—济南、蒙西—晋北—雄安（北京西）—天津南、榆横—晋中—石家庄—济南—潍坊、山东扩大环网、张北—雄安—石家庄、蒙西—晋中 1000 千伏输变电工程和锡泰、雁淮、鲁固、昭沂特高压直流工程，形成了"两横三纵一环网"交流特高压主网架，区内以内蒙古西部电网、山西电网为送端，以京津冀区域为受端负荷中心，形成西电东送、北电南送的送电格局。截至 2020 年底，华北区域（含内蒙古西部地区）内 500 千伏及以上变电容量 48361 万千伏安；500 千伏及以上交流线路长度约 55688 公里；直流输电线路（含背靠背）6 条，额定输电容量 4500 万千瓦。

500 千伏及以上变电容量
50490 万千伏安

500 千伏及以上交流线路长度
36255 公里

华东电网

华东地区围绕长三角形成 1000 千伏网架，并向南延伸至福建，省间联络通道电压等级为 1000 千伏，上海、江苏、浙江、安徽、福建均已形成较强的 500 千伏主网架。截至 2020 年底，华东区域内 500 千伏及以上变电容量 50490 万千伏安；500 千伏及以上交流线路长度约 36255 公里；直流输电线路 11 条，额定输电容量 6980 万千瓦。

500 千伏及以上变电容量
23048 万千伏安

500 千伏及以上交流线路长度
33063 公里

华中东四省电网

华中东四省电网目前已建成以三峡外送通道为中心、覆盖豫鄂湘赣四省的 500 千伏骨干网架，河南通过 1000 千伏南荆线、4 回 500 千伏线路与湖北电网相连，湖南、江西均通过 3 回 500 千伏线路与湖北电网相连。截至 2020 年底，华中区域内 500 千伏及以上变电容量 23048 万千伏安；500 千伏及以上交流线路长度约 33063 公里；直流输电线路 11 条（含背靠背），额定输电容量 4331 万千瓦。

川渝藏电网

川渝藏电网目前已建成以川渝电网为中心，涵盖川渝藏三省市区的 500 千伏主干网架，川藏、川渝间分别建成 2 回、6 回 500 千伏联络线。截至 2020 年底，川渝藏区域内 500 千伏及以上变电容量12905 万千伏安；500 千伏及以上交流线路长度约 22552 公里；直流输电线路 7 条，额定输电容量 3020 万千瓦。

500 千伏及以上变电容量
12905 万千伏安

500 千伏及以上交流线路长度
22552 公里

西北电网

西北电网形成了以甘肃电网为中心的坚强 750 千伏主网架，新疆、陕西、宁夏电网均通过 4 回 750 千伏线路与甘肃电网相连，青海电网通过 6 回 750 千伏线路与甘肃电网相连。截至 2020 年底，西北区域内 330 千伏及以上变电容量 37725 万千伏安；330 千伏及以上交流线路长度约 59582 公里；直流输电线路（含背靠背）9 条，额定输电容量 5271 万千瓦。

330 千伏及以上变电容量
37725 万千伏安

330 千伏及以上交流线路长度
59582 公里

南方电网

南方电网以云南、贵州为南方电网的主要送端，广东、广西为南方电网的主要受端，形成了"八交十一直"※的西电东送主干网架，继续维持云南电网与南方电网主网异步运行。截至 2020 年底，南方区域内 500 千伏及以上交流变电容量 27500 万千伏安；500 千伏及以上交流线路长度约 43300 公里；直流输电线路（含背靠背）14 条，额定输电容量 5240 万千瓦。

500 千伏及以上变电容量
27500 万千伏安

500 千伏及以上交流线路长度
43300 公里

注："八交十一直"采用南网口径，不包括永富直流、云贵互联和鲁西背靠背。

4. 2020 年投产的重点输电通道

2020 年，投产各类直流项目 4 条（含柔性直流电网试验示范工程及特高压多端柔性直流示范工程），投产 1000 千伏特高压交流输电通道 3 条，交流互联工程 1 项，500 千伏送出通道 2 条。

2020 年投产重点输电通道情况

类型	通道名称	电压等级（千伏）	输电容量（万千瓦）	输电距离（千米）	投产时间
直流	张北可再生能源柔性直流电网试验示范工程	±500	450	666	2020 年 6 月
	云贵互联通道工程	±500	300	389	2020 年 6 月
	青海至河南特高压直流输电工程	±800	800	1587	2020 年 12 月
	乌东德电站送广东广西特高压多端柔性直流示范工程	±800	800	1452	2020 年 12 月
交流	山西盂县电厂送出工程	500	300	151	2020 年 6 月
	蒙西至洪善（晋中）特高压交流输变电工程	1000	300	320	2020 年 6 月
	驻马店至南阳特高压交流输变电工程	1000	—	188.4	2020 年 7 月
	张北至雄安（北京西）特高压交流输变电工程	1000	530	330	2020 年 8 月
	陕西锦界和府谷电厂扩建送出工程	500	264	662	2020 年 11 月
	西藏阿里电力联网工程注	220	4	1180	2020 年 12 月

数据来源：相关工程可行性研究报告、电网公司

1.2 未来三年重点输电通道展望

1. 在建重点输电工程

目前全国在建重点输电工程 6 项，其中 1000 千伏特高压交流输电工

注：西藏阿里联网工程额定电压 500 千伏，目前降压 220 千伏运行。

程 2 项，±800 千伏特高压直流输电工程 3 项，直流背靠背联网工程 1 项。

在建重点输电工程

分类	输电通道	电压等级（千伏）	输电容量（万千瓦）	输电距离（千米）	拟投产时间
交流	南昌至长沙特高压交流输变电工程	1000	—	344	2022 年
	荆门至武汉特高压交流输变电工程	1000	—	238	2022 年
直流	雅中至江西特高压直流输电工程	±800	800	1704	2021 年 6 月已投运
	陕北至武汉特高压直流输电工程	±800	800	1136	预计 2021 年 9 月
	白鹤滩至江苏特高压直流输电工程[注1]	±800	800	2172	2022 年
	闽粤联网工程	±500	200	—[注2]	2022 年

数据来源：相关工程可行性研究报告、电网公司

2. 部分正在论证的大型电源基地输电通道

目前，部分正在论证的大型水电或综合能源及新能源基地输电通道如下：

部分正在论证的大型电源基地输电通道

序号	通道名称
1	白鹤滩至浙江特高压直流输电工程
2	陇东综合能源基地外送输电通道
3	金沙江上游（川藏段）外送输电通道
4	新疆第三回外送输电通道
5	川西清洁能源外送输电通道（川渝特高压）
6	蒙西综合能源基地外送输电通道

注 1：白鹤滩至江苏特高压直流输电工程换流站与部分线路核准开工。

注 2：闽粤联网工程为直流背靠背联网工程，工程涉及新建 500 千伏交流线路，路径长度 152 千米。

2 配电网

2.1 2020 年发展概况

截至 2020 年底，全国主要电网公司管理区域内高压配电网变电容量约 23.2 亿千伏安，高压配电网线路长度约 113.2 万公里。

2.2 "十三五"发展总结

"十三五"期间，配电网整体水平得到显著提高，供电服务能力进一步升级，有力支撑了"十三五"期间经济社会各领域高质量发展。

回顾"十三五"，配电网发展呈现新特征新趋势。高比例可再生能源、分布式电源等快速发展，推动传统无源配电网向有源配电网升级，催生微电网、主动配电网、区域能源网等多样化发展形态。以电动汽车、用户侧储能、高可靠性用电、绿电服务、智能用电等为代表的负荷侧用能新形态不断涌现，配电网供电服务内涵和外延进一步丰富。新一代信息技术集中突破推动新型基础设施建设，配电网数字化、智能化进程加速，助力运营管理创新和服务创新。生态保护红线、耕地红线等发展边界条件逐步趋紧，配电网建设用地资源紧张，亟待强化多规合一，提升城市空间承载能力，支撑新型城镇化和乡村振兴建设。

2.3 2021 年配电网建设

2021 年全国配电网建设规模仍将稳步增长

预计至 2021 年底，全国主要电网公司管理区域内高压配电网变电容量将达到约 24.5 亿千伏安，高压配电网线路长度将达到约 117.5 万公里。

3 智能电网

3.1　2020 年发展概况

1. 输变电领域

智能调度系统

　　截至 2020 年底，国家电网所辖区域所有省级及以上调度控制中心均采用智能电网调度控制系统（D5000）。南方电网五省区加快推广一体化电网运行智能系统（OS2）应用，构建"网省系统级控制""地调监控操作"的调度业务体系。内蒙古电力公司省级调度系统采用 D5000 平台，并逐步推进各盟市调控系统 D5000 改造应用。目前，全国主要电网公司正积极推进基于"调控云"的新一代调控系统研究和实践探索。

智能变电站

　　2020 年，北京、江苏、湖北等 26 个省市开展就地化保护、一键顺控、数字孪生等智能变电站技术试点及应用。南方电网公司制定了《智能变电站设计技术导则》和《智能变电站试点工程技术原则》，持续推进 16 个智能变电站试点工程建设。内蒙古电力公司大力开展智能变电站建设，截止到 2020 年底，已投运 1 座 500 千伏、4 座 220 千伏、12 座 110 千伏智能变电站。

智能巡检及监测设备

　　目前，全国主要电网公司继续加强输变电领域智能化巡检及监测。在输电领域，推广直升机、无人机、地缆隧道机器人等巡检技术及线路故障精确定位、雷电监测等在线监测技术；在变电领域，推广高清摄像头、红外检测、可见光识别等巡检技术及变压器油中溶解气体、闭式气体绝缘组合电器（GIS）局部放电、铁芯接地电流等在线监测技术。2020

年，南方电网公司无人机作业规模超过 50 万公里，基本实现重要输电线路直升机、无人机巡检全覆盖；建成 220 千伏中山光明等智能运维试点站，初步实现巡视无人化、操作智能化。

2. 智能配电领域

目前，全国主要电网公司积极开展智能配电新技术研究与应用。2020 年，国家电网公司在福建、陕西、山西等地规模化开展台区智能融合终端应用，灵活接入智能电表、充电桩等设备，支撑配电台区的物联网化与智能化。南方电网公司系统推进配电智能网关、智能配电房、智能开关站等建设，在佛山、贵安、深圳南山、海南等智能电网示范中应用，逐步完善技术标准。

当前，智能配电网融合发展进程加速，呈现多样化创新发展态势。国家电网公司打造"云、管、边、端"配电物联网系统，国网山东省电力公司在济南、青岛、淄博等地区开展试点，提升配网安全运行水平和设备状态监测能力。广州供电局与各区政府签约，加快推进智能小区建设；与广州移动、市水投集团、市燃气公司等合作，开展"四网融合""三表集抄"试点；加速推进配电网与 5G 网络、EV 充电网络等融合发展，探索多站融合发展新模式。

3. 智能用电领域

"互联网 +" 应用

2020 年，全国主要电网公司深化"互联网 +"服务及"云大物移智"应用创新，有力支撑我国疫情防控和企业复工复产。北京、江苏、湖北等 26 个省区市全面推行"互联网 +"服务，引导客户线上办理电费缴纳、电费查询、故障报修等业务，确保 95598 电话、网上国网"7×24 小时"不间断服务。南方电网五省区深化互联网统一服务平台应用，发挥 95598、网上营业厅、掌上营业厅、微信公众号等渠道优势，让客户办电"一次都不跑"。内蒙古电力公司推行线上服务，加强客户"零上门"的多渠道宣传，充分发挥网格（台区）经理作用，通过电话、微信等非面对面方式指导客户优先网上缴费和办理业务，最大限度减少"临柜"客户数量。

智能计量设备

截至 2020 年底，国家电网公司、南方电网公司已基本实现智能电表全覆盖，内蒙古电力公司供电范围内智能电表覆盖率超过 90%，有力支撑了精益管理和服务创新，也为疫情防控提供了数据支撑。当前，智能电表进入集中轮换期，全国主要电网企业纷纷开展新型智能电表的研发和推广应用，强化负荷监测、智能费控、有序充电等功能。福建、安徽、广州、贵州等地依托智能电表开展的"多表合一"模式逐步试点推行，实现水、电、气等集中采集和处理。

电动汽车充电设施

据中国充电联盟统计，2020年全国充电基础设施增量为46.2万台。截至2020年底，全国充电基础设施累计数量达到168.1万台，同比增长37.9%。

截至2020年底，中国充电联盟内成员单位总计上报公共类充电桩80.7万台，其中交流桩49.8万台、直流桩30.9万台、交直流一体充电桩481台。

全国充电站分布相对集中于京津冀鲁、长三角和珠三角地区，其中广东省6527座、江苏省6229座、上海市5927座、北京市5755座。

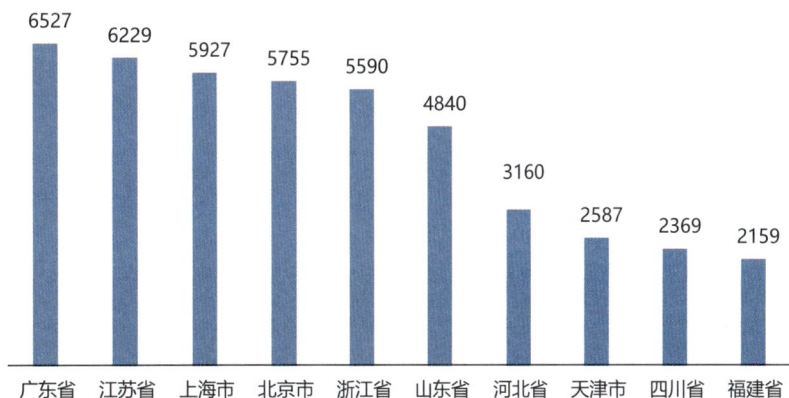

各省市充电站数量 TOP10（单位：座）

广东省	江苏省	上海市	北京市	浙江省	山东省	河北省	天津市	四川省	福建省
6527	6229	5927	5755	5590	4840	3160	2587	2369	2159

数据来源：中国充电联盟

需求侧响应

2020年，国家电网公司印发《国家电网有限公司电力需求响应工作两年行动计划（2020~2021年）》，旨在进一步挖掘需求侧资源。12月16日，国网陕西省电力公司组织60家符合条件的市场主体开展需求侧响应，实现了电网高峰负荷调节4205.5千瓦；11月25日，国网山东省电力公司实施首次经济型填谷需求侧响应，出清电力负荷10万千瓦，27日，进一步组织374家电力客户和5家负荷聚合商，实施紧急型填谷需求侧响应，最大填谷负荷60.13万千瓦。

4. 数字化转型领域

"十三五"期间，智能电网经过多年实践和探索，数字化转型的内涵逐步呈现，数字化、网络化、智能化的主线更加凸显。国家电网公司高度重视数字化转型工作，夯实软硬件设施的发展基础，狠抓数据管理，加快数据、业务、技术中台建设，全面部署电网数字化平台、电力物联网、能源大数据中心等建设，2020 年在数字新基建领域投入达到 247 亿元，并与 41 家相关互联网企业开展战略合作。南方电网公司系统推进电网数字化、智能化建设，全面打造一体化电网运行智能系统，以数据模型算法赋能电力供应，支撑绿色能源供给体系建设。11 月 13 日，南方电网公司发布首份《数字电网白皮书》，系统提出"数字电网"概念体系和内涵特征，首创南网数字化的电网发展新思路，以数字化推动能源生态系统利益相关方开放合作、互利共生、协作创新。

5. 全域网络安全领域

随着电网数字化、智能化程度不断提高，全域网络安全已成为电力系统本质安全的重要内涵。2016 年以来，公安部已连续五年开展针对关键信息基础设施的"护网行动"实战攻防演习，全国主要电网企业在历年"护网行动"中均取得了优异成绩。国家电网公司构建了全场景网络安全防护体系，注重以攻促防、平战结合，常态化开展网络实战攻防。南方电网公司建成了全网统一的网络安全指挥体系，形成网省地作战指挥群，实现常态化内外部实战攻防演习。内蒙古电力公司建立了栅格状的电力监控系统安全防护体系，实现网络空间安全的实时监控和有效管理。

6. 融入智能城市建设领域

融合创新是智能电网的发展趋势。智能电网通过与智慧能源、智慧交通、智慧建筑等物理基础设施以及 5G、物联网等信息基础设施深度融合，积极融入智能城市是新型城镇化、智慧社会建设的必然要求。智能电网融入智能城市主要包括五个典型场景：通过能源清洁化、高效化利用打造"低碳城市"；通过泛在感知及电力物联网建设打造"感知城市"；通过多站融合、多网融合打造"互联城市"；通过能源电力服务创新及延伸打造"便捷城市"；通过电力大数据征信服务等打造"可信城市"。

3.2 智能电网示范进展

1. 海南智能微网示范项目

2020 年，海南电网公司结合自身发展特点，全力推进智能微网示范和推广，将微电网打造成为南方电网公司"十大灯塔项目"之首位。项目以海岛型微网、偏远地区微网、城市园区微网等分类推进，重点打造三沙海岛群微网、琼中山区微网、云龙工业园微网及陵水高教园微网等示范项目，通过新技术应用、商业模式及政策机制创新，着力构建因地制宜、多能协调、自成一体、经济合理的海南智能微网发展建设体系。同时，海南电网公司积极推进智能微网实验室建设，配套开展智能微网相关核心技术攻关，打造智能微网全链条创新发展能力。

> 📋 试点示范项目多点开花，智能电网发展方向逐渐清晰

2. 鄂尔多斯市康巴什可靠性提升示范区

2020 年，内蒙古电力公司在康巴什区开展高可靠示范区建设。康巴什区是鄂尔多斯市政府所在地，也是全国首个以城市景观命名的 4A 级旅游景区，示范项目旨在提供更加可靠、优质、方便的供电服务。项目遵循高可靠性水平、高客户满意度、低成本的"两高一低"总体原则，分别从一次网架强化、智能分布式配电自动化、不停电作业及智慧运维技术等方面开展示范，系统提升康巴什地区的供电可靠性，促进运营管理提质增效。项目建成后，区域内用户将均满足双电源接入要求，各项指标达到 A 类供电区以上标准，供电可靠率提升至 99.999%，户均停电时间缩短至 0.08 小时 / 户，综合电压合格率达到 100%，线路 N-1 通过率达到 100%。

3. 深圳供电局虚拟电厂示范

2017 年 10 月，深圳供电局联合美国自然资源保护协会（NRDC）、清华大学、美国劳伦斯伯克利国家实验室成功申报了中美绿色合作伙伴计划"市场机制下价格驱动的绿色电力供需友好互动关键技术及示范应用

项目"。2020 年 10 月，深圳供电局依托该项目完成了 20 兆瓦规模虚拟电厂示范项目，以充电设施、商业楼宇为主要可调度资源池，依托自主研发的虚拟电厂软硬件平台原型机，在 110 千伏投控变电站建设 20 兆瓦规模虚拟电厂。示范项目支持清洁能源 100% 消纳，可靠性指标达到 99.999%，可降低用户能耗 7%，节约用能成本约 8%，配电网设备利用率提升 3%。

4. 电力大数据应用创新

2020 年，电力大数据在服务疫情防控中的创新应用，加速了数据应用生态形成。疫情期间，国家电网公司基于大数据技术，精准统计用电信息采集系统中企业用电量等数据，建立"企业复工电力指数"，准确反映各行业复工复产情况，为政府部门分析核实企业复工复产情况提供数据支撑。国家电网公司推出"电 e 金服"平台，充分发挥电力大数据资源优势，通过对信贷反欺诈、授信辅助、贷后预警等方面数据的分析，为金融业客户提供风险管理服务。南方电网公司与广东省"数字政府"共享应用场景建设，通过对接广东省各市电子政务资源共享交换平台，实现数据共享，准确获取低保户、特困户数据信息，有效落实城乡低保户和农村五保户享受国家电费减免政策，助力打赢脱贫攻坚战。

4 电网国际合作

4.1 电网项目国际合作

国家电网公司承建运营巴基斯坦默拉直流输电工程全线贯通

2020 年 10 月，中巴经济走廊重点项目巴基斯坦默蒂亚里—拉合尔 ±660 千伏直流输电项目输电工程全线贯通。默拉直流项目是巴基斯坦首个直流输电工程，是巴基斯坦目前电压等级最高、输电线路最长的项目，是国家电网公司在国际上首个具有完全自主知识产权的 ±660 千伏直流项目，也是中巴经济走廊能源合作协议中唯一的电网项目。项目投运后，将有力缓解巴基斯坦最重要的经济中心旁遮普省和首都伊斯兰堡地区的电力短缺状况，极大地促进巴基斯坦经济发展，提高人民生活水平，对深化中巴经济走廊建设、推进中巴能源合作具有重要意义。

中国南方电网公司与老挝国家电力公司签署股东协议

2020 年 9 月，中国南方电网公司与老挝国家电力公司在老挝首都万象签署股东协议，由中国南方电网公司和老挝国家电力公司共同出资组建老挝国家输电网公司（EDL-T），标志着中老两国在输电网领域合作迈出实质性步伐。根据协议，EDL-T 将加快投资建设覆盖老挝全国的一体化骨干输电网，为老挝提供安全、稳定、高效和可持续的输电服务，助力老挝经济社会发展和人民生活水平提升；同时加强老挝与周边国家的电网互联互通，促进老挝水能资源优势转化为经济优势，助力老挝打造"东南亚清洁能源蓄电池"。

4.2 我国与周边国家电力互联互通

我国已与俄罗斯、蒙古、吉尔吉斯斯坦、朝鲜、缅甸、越南、老挝共 7 个国家实现了电力互联及边贸，主要为周边国家的边境设施及偏远地区供电，具有电压等级低、供电规模小的特点。

2020 年，我国与周边国家电网互联规模合计约 254 万千瓦。我国进口电量 46.0 亿千瓦时，出口电量 39.7 亿千瓦时，总进出口电量仅占我国全社会用电量的 0.1%。

2020 年我国与周边国家电力互联互通及电力边贸情况

国别	联网线路	进口电量 （亿千瓦时）	出口电量 （亿千瓦时）
中俄	1 回 500 千伏线路背靠背； 2 回 220 千伏线路； 2 回 110 千伏线路。	30.6	\
中蒙	2 回 220 千伏线路； 3 回 35 千伏线路； 6 回 10 千伏线路。	\	13.94
中朝	1 回 3 千伏线路。	\	0.001
中缅	1 回 500 千伏线路； 2 回 220 千伏线路； 1 回 110 千伏线路； 8 回 35 千伏线路； 36 回 10 千伏线路。	15.39	5.44
中越	3 回 220 千伏线路。	\	19.4
中老	1 回 115 千伏线路； 3 回 35 千伏线路。	\	0.9

注：中 - 吉间有两回交流输电联网，已停用

五 供需形势

Supply and Demand Situation

1 2020 年电力供需概况

2020 年，在国际形势严峻复杂、新冠肺炎疫情严重冲击下，党中央决策部署抗疫和"六稳""六保"工作任务，带领全党全国取得统筹疫情防控和经济社会发展的重大战略成果，率先控制住疫情，率先恢复经济正增长，带动我国全社会用电量刚性增长。疫情防控期间电力供应充足可靠，为疫情防控和社会经济发展提供坚强电力保障。2020 年全国电力供需总体平衡，部分地区电力供需宽松，局部地区用电高峰时段出现电力供应偏紧，其中：

华北地区电力供需总体平衡，山西存在电力冗余，迎峰度冬期间，蒙西电网延续上年电力供需偏紧形势。

东北地区电力供应宽松。

西北地区电力供应宽松。

华东地区电力供需总体平衡。

华中地区电力供应偏紧。迎峰度夏期间，湖南、四川存在一定电力供需偏紧的情况，江西延续上年电力供需偏紧形势；迎峰度冬期间，湖南再次出现电力供需偏紧的情况。

南方地区电力供需总体平衡。迎峰度冬期间，广西、广东出现一定电力供需偏紧的情况。

2 未来三年电力供需分析

综合考虑新冠疫情对全球社会经济活动影响的逐步减弱、全球经济的逐渐恢复、我国经济发展态势等因素，以及"碳达峰、碳中和"战略下电力工业发展趋势，结合电力"十四五"规划相关研究，预测未来三年电力供需情况。按照全国各省（市、区）电力需求预测结果、各类电源发展目标及逐年投产规模、跨省区电力流建设投产进度，对各地区未来三年的电力供需情况进行测算分析，预计未来三年全国电力供需将维持总体平衡的态势，部分地区在用电高峰时段存在短时电力供应紧张的情况。

2.1 2021 年电力供需形势分析

从电力需求看，由于中央统筹疫情防控和经济社会发展，我国投资增速显著回升，消费复苏态势进一步加快，经济先行指标持续向好，带动全社会用电需求稳定增长；同时，考虑"碳达峰、碳中和"战略背景下新能源发电、新能源汽车、储能等相关高技术产业和装备制造业快速发展，电能替代在生产制造、交通运输、居民采暖等领域的逐步加速，全球经济温和回暖带动我国出口增速的逐渐恢复，以及 2020 年较低基数等因素，预计 2021 年全社会用电需求有望实现反弹式增长。从电力供应来看，2021 年全国总装机规模稳步增长，但常规水电、核电、气电、煤电等保障供应安全的支撑性电源装机稍有不足，合计新增占总新增装机比重不高。预计 2021 年全国电力供需形势基本平稳，华北、华东、华中、南方部分地区电力供应偏紧。

华北地区

华北地区全社会最大负荷约 2.96 亿 ~2.98 亿千瓦，同比增长 5.7%~6.5%；当年新增装机约 4400 万千瓦。经电力电量平衡测算分析，京津冀电力供需总体平衡；河北南网、蒙西、山东电力供需偏紧，需要通过压减备用、优化检修安排、区域内省间互济等措施保障电力供需基本平衡；山西存在电力冗余。

东北地区

东北地区全社会最大负荷约 8022 万 ~8084 万千瓦，同比增长 3.8%~4.6%；当年新增装机约 1800 万千瓦。经电力电量平衡测算分析，辽宁电力供需基本平衡；蒙东、黑龙江、吉林存在电力冗余。

西北地区

西北地区全社会最大负荷 1.27 亿 ~1.28 亿千瓦，同比增长 5.6%~6.6%；当年新增装机约 3100 万千瓦。经电力电量平衡测算分析，陕西、甘肃、青海、新疆电力供需基本平衡；宁夏存在电力冗余。

华东地区

华东地区全社会最大负荷 3.50 亿 ~3.53 亿千瓦，同比增长 4.8%~5.6%；当年新增装机约 2100 万千瓦。经电力电量平衡测算分析，上海、福建电力供需基本平衡；安徽、江苏电力供需偏紧，需要通过压减备用、优化检修安排、区域内省间互济等措施保障电力供需基本平衡；浙江电力供需紧张，需要高度关注电源建设及投产进度。

华中地区

华中地区全社会最大负荷 2.69 亿 ~2.72 亿千瓦，同比增长 5.8%~6.7%；当年新增装机约 3000 万千瓦。经电力电量平衡测算分析，湖北、湖南电力供需紧张，需要高度关注电源建设及投产进度；河南、江西、重庆、四川电力供需偏紧，需要通过压减备用、优化检修安排、区域内省间互济等措施保障电力供需基本平衡；西藏电力供需基本平衡。

南方地区

南方地区全社会最大负荷 2.48 亿 ~2.50 亿千瓦，同比增长 6.8%~7.8%；当年新增装机约 2600 万千瓦。经电力电量平衡测算分析，广东、广西、云南电力供需紧张，需要高度关注电源建设及投产进度；贵州电力供需偏紧，需要通过压减备用、优化检修安排、区域内省间互济等措施保障电力供需基本平衡；海南电力供需基本平衡。

2.2 2022 年电力供需形势分析

华北地区

华北地区全社会最大负荷 3.12 亿 ~3.16 亿千瓦，同比增长 5.4%~6.2%；当年新增装机约 4500 万千瓦。经电力电量平衡测算分析，京津冀电力供需总体平衡；河北南网电力供需紧张，需要高度关注电源建设及投产进度；山东、蒙西电力供需偏紧，需要通过压减备用、优化检修安排、区域内省间互济等措施保障电力供需基本平衡；山西存在电力冗余。

东北地区

东北地区全社会最大负荷 8301 万 ~8431 万千瓦，同比增长 3.5%~4.3%；当年新增装机约 2000 万千瓦。经电力电量平衡测算分析，辽宁电力供需偏紧，需要通过压减备用、优化检修安排、区域内省间互济等措施保障电力供需基本平衡；蒙东、黑龙江、吉林存在电力冗余。

西北地区

西北地区全社会最大负荷 1.33 亿 ~1.36 亿千瓦，同比增长 5.2%~6.2%；当年新增装机约 3500 万千瓦。经电力电量平衡测算分析，西北各省电力供需基本平衡。

华东地区

华东地区全社会最大负荷 3.66 亿 ~3.72 亿千瓦，同比增长 4.4%~5.3%；当年新增装机约 1500 万千瓦。经电力电量平衡测算分析，上海、福建电力供需基本平衡；江苏电力供需偏紧，需要通过压减备用、优化检修安排、区域内省间互济等措施保障电力供需基本平衡；安徽、浙江电力供需紧张，需要高度关注电源建设及投产进度。

华中地区

华中地区全社会最大负荷 2.84 亿 ~2.89 亿千瓦,同比增长 5.4%~6.3%;当年新增装机约 2500 万千瓦。经电力电量平衡测算分析,湖南、江西、重庆电力供需紧张,需要高度关注电源建设及投产进度;湖北、河南、四川电力供需偏紧,需要通过压减备用、优化检修安排、区域内省间互济等措施保障电力供需基本平衡;西藏电力供需基本平衡。

南方地区

南方地区全社会最大负荷 2.62 亿 ~2.67 亿千瓦,同比增长 6.0%~7.0%;当年新增装机约 2500 万千瓦。经电力电量平衡测算分析,贵州电力供需紧张,需要高度关注电源建设及投产进度;广西、云南、海南电力供需偏紧,需要通过压减备用、优化检修安排、区域内省间互济等措施保障电力供需基本平衡;广东电力供需基本平衡。

2.3 2023 年电力供需形势分析

华北地区

华北地区全社会最大负荷 3.28 亿 ~3.35 亿千瓦,同比增长 5.2%~6.0%;当年新增装机约 5500 万千瓦。经电力电量平衡测算分析,京津冀电力供需总体平衡;河北南网电力供需紧张,需要高度关注电源建设及投产进度;蒙西、山东电力供需偏紧,需要通过压减备用、优化检修安排、区域内省间互济等措施保障电力供需基本平衡;山西存在电力冗余。

东北地区

东北地区全社会最大负荷 8568 万 ~8771 万千瓦,同比增长 3.2%~4.0%;当年新增装机约 1500 万千瓦。经电力电量平衡测算分析,辽宁电力供需偏紧,需要通过压减备用、优化检修安排、区域内省间互济等措施保障电力供需基本平衡;蒙东、黑龙江、吉林存在电力冗余。

西北地区

西北地区全社会最大负荷 1.40 亿 ~1.44 亿千瓦,同比增长 4.9%~5.9%;当年新增装机约 4800 万千瓦。经电力电量平衡测算分析,青海、新疆电力供需基本平衡;甘肃、陕西电力供需偏紧,需要通过压减备用、优化检修安排、区域内省间互济等措施保障电力供需基本平衡;宁夏存在电力冗余。

华东地区

华东地区全社会最大负荷 3.81 亿 ~3.90 亿千瓦，同比增长 4.1%~5.0%；当年新增装机约 2600 万千瓦。经电力电量平衡测算分析，上海、福建电力供需基本平衡；江苏电力供需偏紧，需要通过压减备用、优化检修安排、区域内省间互济等措施保障电力供需基本平衡；安徽、浙江电力供需紧张，需要高度关注电源建设及投产进度。

华中地区

华中地区全社会最大负荷 2.98 亿 ~3.06 亿千瓦，同比增长 5.1%~6.0%；当年新增装机约 2100 万千瓦。经电力电量平衡测算分析，湖南、江西、重庆电力供需紧张，需要高度关注电源建设及投产进度；河南、四川电力供需偏紧，需要通过压减备用、优化检修安排、区域内省间互济等措施保障电力供需基本平衡；湖北、西藏电力供需基本平衡。

南方地区

南方地区全社会最大负荷 2.76 亿 ~2.84 亿千瓦，同比增长 5.4%~6.4%；当年新增装机约 3400 万千瓦。经电力电量平衡测算分析，贵州、广西电力供需紧张，需要高度关注电源建设及投产进度；云南、海南电力供需偏紧，需要通过压减备用、优化检修安排、区域内省间互济等措施保障电力供需基本平衡；广东电力供需基本平衡。

六

电力经济
Power Economy

1 电源工程造价水平及预测

1.1 2020 年度电源工程参考造价

根据 2020 年度典型工程初步设计及施工图资料，建筑安装工程与其他费用采用现行计价标准，设备材料价格采用 2020 年市场价格，测算得到各类电源工程参考造价指标。

各类电源工程 2020 年参考造价指标 单位：元 / 千瓦

电源类型	类别	造价指标
燃煤发电工程	2×350 兆瓦	4211
	2×660 兆瓦	3636
	2×1000 兆瓦	3309
燃机发电工程	2×300 兆瓦等级（9F 纯凝）	2104
	2×300 兆瓦等级（9F 供热）	2208
	2×180 兆瓦等级（9E 级）	2837
核电工程	华龙一号	15500~16500
水电工程	常规水电工程	14561
	抽水蓄能电站	5969
风电工程	陆上风电	6000~6500
	海上风电	15000~17000
光伏发电工程	全国（除西藏）	3200~3600
光热发电工程		26000~29000

数据来源：《火电工程限额设计参考造价指标 2020》，相关核电工程、光热发电工程初步设计报告

1.2 未来三年造价水平预测

根据"十二五"期间及 2016~2020 年电源造价情况，结合技术进步因素、电力市场供需水平以及行业政策引导的影响，对未来三年造价趋

势进行预测。

2021~2023 年煤电概算单位造价水平变化趋势预测（元 / 千瓦）

煤电工程造价呈小幅上涨趋势

2020 年度化解煤电过剩产能工作稳妥有序开展，煤电新增基建项目减少，同时 2020 年人工、材料价格上涨，概算单位造价较上年增加 0.9%。考虑到未来三年煤电市场规划容量有限，行业成本挖潜空间有限，预测2021~2023 年煤电工程造价水平小幅上涨。

2020 年燃机主设备价格继续下降，但人工、材料价格上涨，概算单位造价较上年增加 0.3%。考虑到未来三年燃机维持平稳发展势头，且随着燃机国产化率提高，预测 2021 ~ 2023 年燃机发电工程造价水平与2020 年持平。

燃机发电工程造价持平

2021~2023 年燃机发电工程概算单位造价水平变化趋势预测（元 / 千瓦）

2017~2020 年受到开发成本上涨影响，概算单位造价较 2015~2016年增加 6.6%。考虑到未来三年新增水电项目开发难度加大，2021~2023年水电工程造价呈持续上涨趋势。

水电工程造价呈持续上涨趋势

风电造价呈现下降趋势

2020 年受到主要设备降价影响，概算单位造价较上年下降 10%。考虑到风电平价上网政策影响，预测 2021~2023 年风电工程造价水平降幅约为 5%。

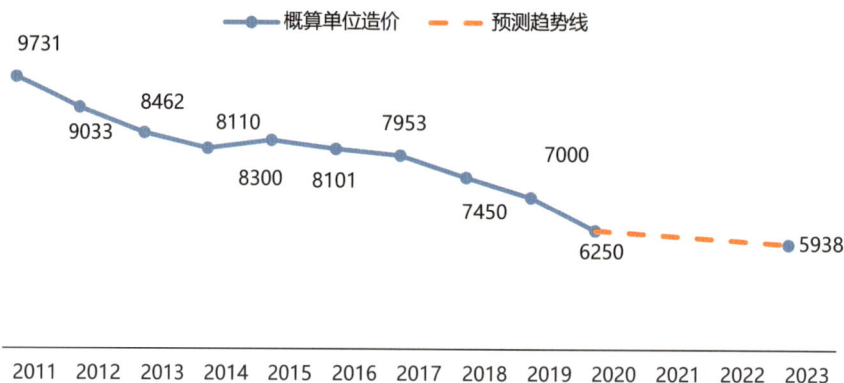

2021~2023 年风电概算单位造价水平变化趋势预测（元 / 千瓦）

光伏造价呈现下降趋势

2020 年受光伏组件大幅降价的影响，概算单位造价较上面下降 20%。考虑到光伏平价上网政策影响以及光伏行业成本挖潜空间有限等因素，预测 2021~2023 年光伏工程造价水平降幅约为 5%。

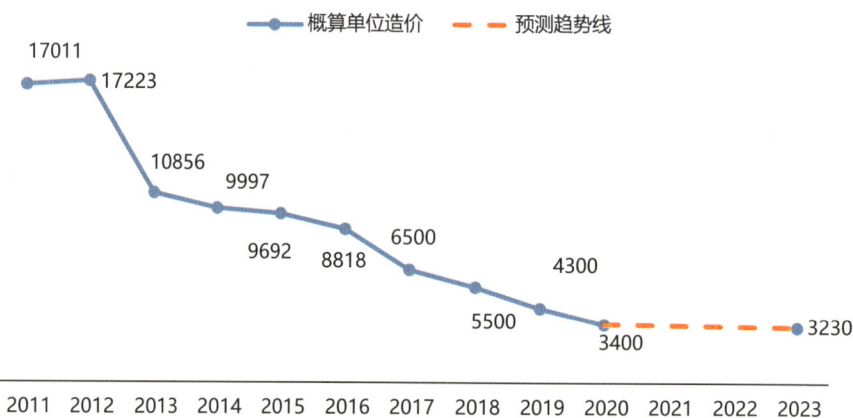

2021~2023 年光伏概算单位造价水平变化趋势预测（元 / 千瓦）

三代核电工程造价持平

2020 年我国核准的三代核电工程中华龙一号机组造价水平（建成价口径）约 1.55 万元 / 千瓦 ~1.65 万元 / 千瓦。

考虑到华龙一号核电机组设计逐步固化、技术进步以及人工、材料上涨因素，预测 2021~2023 年三代核电工程造价水平将与 2020 年持平。

2 电网工程造价水平及预测

2.1　2020 年度电网工程参考造价

根据 2020 年度典型工程初步设计及施工图资料，建筑安装工程费与其他费用采用现行计价标准，设备材料价格采用 2020 年市场价格，测算 2020 年输变电新建工程参考造价指标。

输电线路工程 2020 年单位造价参考指标　单位：万元 / 千米

电压等级	回路数	导线规格	单位造价
1000 千伏	双回	8×JL/G1A−630/45	1285
±800 千伏	双极	6×JL/G3A−1000/45、6×JL/G2A−1000/80	437
750 千伏	双回	6×JL/G1A−500/45	596
	单回	6×JL/G1A−400/50	284
500 千伏	双回	4×JL/G1A−630/45	399
	单回	4×JL/G1A−630/45	214
330 千伏	双回	2×JL/G1A−300/40	192
	单回	2×JL/G1A−300/40	107
220 千伏	双回	2×JL/G1A−400/35	157
	单回	2×JL/G1A−400/35	92
110 千伏	双回	2×JL/G1A−300/40	131
	单回	2×JL/G1A−300/40	72

数据来源：《电网工程限额设计控制指标（2020 年水平）》

变电工程 2020 年单位造价参考指标　单位：元 / 千伏安、元 / 千瓦

电压等级	建设规模	技术方案	单位造价
1000 千伏	2×3000 兆伏安	GIS	292
±800 千伏	8000 兆瓦	GIS	574
750 千伏	1×1500 兆伏安	罐式断路器	346
	1×2100 兆伏安	GIS	316
	1×2100 兆伏安	HGIS	273
500 千伏	1×750 兆伏安	柱式断路器	244
	2×1000 兆伏安	罐式断路器	135
	2×1000 兆伏安	GIS	133
	2×1000 兆伏安	HGIS	140
±500 千伏	3000 兆瓦	柱式断路器	507
	3000 兆瓦	GIS	515
330 千伏	2×240 兆伏安	HGIS	414
	2×360 兆伏安	GIS	250
220 千伏	2×180 兆伏安	柱式断路器	269
	2×240 兆伏安	GIS	209
	2×240 兆伏安	HGIS	235
110 千伏	1×150 兆伏安	柱式断路器	351
	2×150 兆伏安	GIS	267

数据来源：《电网工程限额设计控制指标（2020 年水平）》

2.2　未来三年造价水平预测

　　根据"十二五"期间及 2016~2020 年度线路工程造价情况，结合技术进步因素、电力市场供需水平以及行业政策引导的影响，对未来三年造价趋势进行预测。

线路工程造价呈上升趋势

　　2020 年线路工程造价由于导线、塔材以及地方性材料价格上涨，单位造价水平比 2019 年增加。2021~2023 年线路工程单位造价水平将有

所上升，特高压架空线路工程上涨幅度 2%~3%，110 千伏 ~750 千伏线
路工程的上涨幅度 1%~2%。

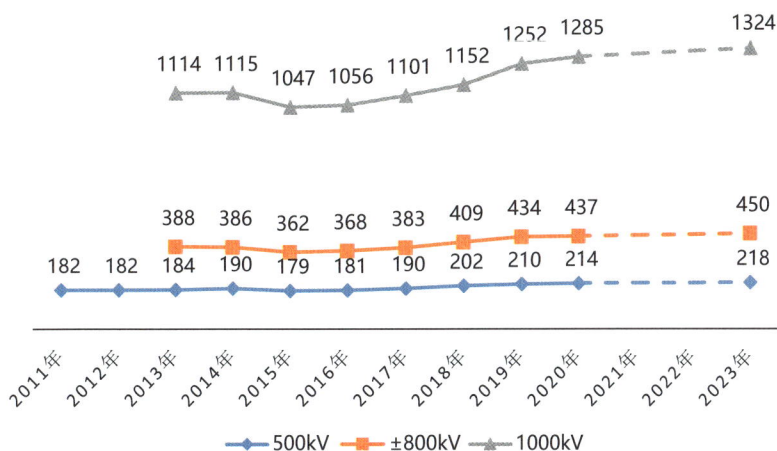

2021 ~ 2023 年线路工程单位造价变化趋势预测（万元／千米）

2020 年变电工程由于供求关系影响主要设备、价格上升，推高了单
位造价水平。2021~2023 年变电工程单位造价整体上升，各电压等级变
电工程上涨幅度为 2%~4% 左右。

2021 ~ 2023 年变电工程单位造价变化趋势预测（元／千伏安、元／千瓦）

变电工程造价呈
小幅上升趋势

3 2020 年上网电价水平

2015 年 3 月《中共中央国务院关于进一步深化电力体制改革的若干意见》（中发〔2015〕9 号）出台，标志着发电侧上网电价从计划型向竞争型转变。在过渡阶段，发电机组一部分电量执行政府核定的上网电价，另一部分电量参与市场竞价，通过市场竞争形成。其中，政府定价部分由国家发改委和省物价局按照价格管理权限分别制定。2020 年我国各类电源上网电价如下所示：

我国各类电源上网电价统计表

电源类型	上网电价水平	价格制定方式	备注
燃煤电厂	0.256 元 / 千瓦时 ~ 0.450 元 / 千瓦时	根据《关于深化燃煤发电上网电价形成机制改革的指导意见》（发改价格规〔2019〕1658 号），我国现行燃煤电站执行"基准价 + 上下浮动"的市场化价格机制	—
燃气电厂	0.543 元 / 千瓦时 ~ 1.2 元 / 千瓦时	各省物价局核定燃气电厂上网电价。不同省区政策存在差异，部分省区执行燃气标杆电价，部分省区采用"一厂一核"方式核定电价	上海、江苏、浙江执行两部制电价
水电	0.2 元 / 千瓦时 ~ 0.48 元 / 千瓦时	大型水电站由国家发改委采用"一厂一核"方式核定电价水平；小型水电站由各省物价部门核定	—
核电	0.3717 元 / 千瓦时（宁德 #4、福清 #3）~ 0.4350 元 / 千瓦时（台山一期）	2013 年 1 月 1 日后投产的核电机组实行标杆上网电价政策，具体价格由国家发改委根据核电社会平均成本与电力市场供需状况核定。2013 年 1 月 1 日以前投产的核电机组，电价仍按原规定执行。	针对三代核电首台套制订了单独的电价政策（试行价格）（参见：《国家发展改革委关于三代核电首批项目试行上网电价的通知》（发改价格〔2019〕535 号））
陆上风电	补贴项目：0.29 元 / 千瓦时 ~ 0.47 元 / 千瓦时；平价上网项目：0.256 元 / 千瓦时 ~ 0.450 元 / 千瓦时	根据国家发展改革委《关于完善风电上网电价政策的通知》（发改价格〔2019〕882 号），新核准的集中式陆上风电项目上网电价全部通过竞争方式确定，且不得高于项目所在资源区指导价	—

电源类型	上网电价水平	价格制定方式	备注
海上风电	0.75 元／千瓦时～0.80 元／千瓦时	国家发展改革委《关于完善风电上网电价政策的通知》(发改价格〔2019〕882 号)对未来新建海上风电项目的电价政策予以明确:将海上风电标杆上网电价改为指导价,新核准海上风电项目全部通过竞争方式确定上网电价;2020 年符合规划、纳入财政补贴年度规模管理的新核准近海风电指导价为每千瓦时 0.75 元。新核准近海风电项目通过竞争方式确定的上网电价,不得高于上述指导价。在 2021 年底前全部机组完成并网的,执行核准时的上网电价;2022 年及以后全部机组完成并网的,执行并网年份的指导价	2020 年 1 月,财政部、国家发改委和国家能源局联合印发《关于促进非水可再生能源发电健康发展的若干意见》(财建〔2020〕4 号),提出新增海上风电和光热项目不再纳入中央财政补贴范围,按规定完成核准(备案)并于 2021 年 12 月 31 日前全部机组完成并网的存量海上风力发电和太阳能光热发电项目,按相应价格政策纳入中央财政补贴范围
光伏	补贴项目:0.35 元／千瓦时～0.49 元／千瓦时 平价上网项目:0.256 元／千瓦时～0.450 元／千瓦时	2020 年 3 月,国家发改委发布《关于 2020 年光伏发电上网电价政策有关事项的通知》(发改价格〔2020〕511 号),对光伏上网电价做进一步下调	—
光热	1.15 元／千瓦时	国家核定全国太阳能热发电统一标杆上网电价	仅适用于首批示范项目,新增光热项目不再纳入中央财政补贴范围。

4 2020 年输配电价水平

2020 年 9 月，国家发展改革委发布《关于核定 2020 ～ 2022 年省级电网输配电价的通知》（发改价格规〔2020〕1508 号），以大工业用电输配电价为例，各省区当前执行输配电价水平如下表所示。

省级输配电价统计表

省份/项目	大工业用电输配电价（两部制）				
	1 ～ 10 千伏	35 千伏	110 千伏	220 千伏	330 千伏
北京	0.2042	0.1837	0.1594	0.1579	
冀南	0.1694	0.1544	0.1394	0.1344	
冀北	0.1287	0.1197	0.0987	0.0937	
山东	0.1809	0.1619	0.1459	0.1169	
山西	0.1136	0.0836	0.0586	0.0386	
天津	0.2243	0.1899	0.1753	0.1600	
安徽	0.1763	0.1513	0.1263	0.1013	
福建	0.1523	0.1323	0.1123	0.0923	
江苏	0.1764	0.1514	0.1264	0.1014	
上海	0.2290	0.1797	0.1519	0.1519	
浙江	0.1772	0.1472	0.1272	0.1102	
河南	0.2052	0.1892	0.1712	0.1612	
湖北	0.1454	0.1256	0.1075	0.0885	
湖南	0.1963	0.1673	0.1393	0.1153	
江西	0.1735	0.1585	0.1435	0.1335	
四川	0.1626	0.1355	0.0958	0.0668	
重庆	0.1838	0.1555	0.1332	0.1132	
黑龙江	0.1680	0.1468	0.1342	0.1092	
吉林	0.1685	0.1535	0.1385	0.1235	
辽宁	0.1237	0.1072	0.0924	0.0807	

续表

省份/项目	大工业用电输配电价（两部制）				
	1～10 千伏	35 千伏	110 千伏	220 千伏	330 千伏
蒙东	0.1734	0.1664	0.1270	0.1040	
甘肃	0.0978	0.0838	0.0718	0.0608	
宁夏	0.1108	0.0958	0.0808	0.0658	0.0578
青海	0.0859	0.0759	0.0659	0.0659	0.0559
陕西	0.1054	0.0854	0.0654	0.0604	0.0604
新疆	0.1305	0.1223	0.1105	0.0938	0.0938
广东	0.1074	0.0386	0.0386	0.0212	
广西	0.2700	0.1243	0.0993	0.0471	
贵州	0.1616	0.1271	0.0905	0.0657	
海南	0.1867	0.1332	0.1315	0.1217	
蒙西	0.0885	0.0735	0.0615	0.0545	
陕西（榆林）	0.0880	0.0680	0.0480	0.0480	0.0480
云南	0.1459	0.1229	0.0791	0.0611	

5 2020 年销售电价水平

2020 年 7 月，国家发展改革委印发《关于做好 2020 年降成本重点工作的通知》，将继续降低一般工商业电价：降低除高耗能行业用户外的现执行一般工商业、大工业电价的电力用户到户电价 5% 至年底。

根据国务院发布的 2020 年中央企业经济运行情况，中央企业坚决落实国家政策助企纾困，坚决执行国家降电价政策。调整后的全国销售电价水平区间统计如下。

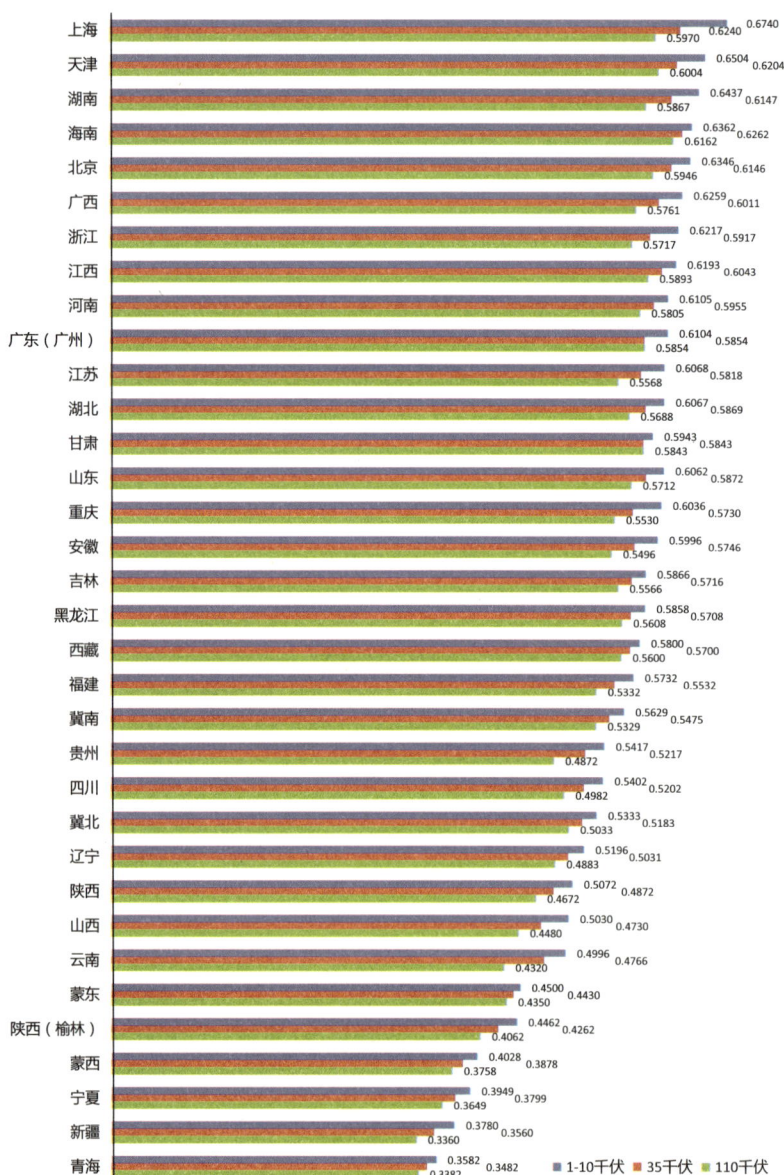

省（区、市）	1-10千伏	35千伏	110千伏
上海	0.6740	0.6240	0.5970
天津	0.6504	0.6204	0.6004
湖南	0.6437	0.6147	0.5867
海南	0.6362	0.6262	0.6162
北京	0.6346	0.6146	0.5946
广西	0.6259	0.6011	0.5761
浙江	0.6217	0.5917	0.5717
江西	0.6193	0.6043	0.5893
河南	0.6105	0.5955	0.5805
广东（广州）	0.6104	0.5854	0.5854
江苏	0.6068	0.5818	0.5568
湖北	0.6067	0.5869	0.5688
甘肃	0.5943	0.5843	0.5843
山东	0.6062	0.5872	0.5712
重庆	0.6036	0.5730	0.5530
安徽	0.5996	0.5746	0.5496
吉林	0.5866	0.5716	0.5566
黑龙江	0.5858	0.5708	0.5608
西藏	0.5800	0.5700	0.5600
福建	0.5732	0.5532	0.5332
冀南	0.5629	0.5475	0.5329
贵州	0.5417	0.5217	0.4872
四川	0.5402	0.5202	0.4982
冀北	0.5333	0.5183	0.5033
辽宁	0.5196	0.5031	0.4883
陕西	0.5072	0.4872	0.4672
山西	0.5030	0.4730	0.4480
云南	0.4996	0.4766	0.4320
蒙东	0.4500	0.4430	0.4350
陕西（榆林）	0.4462	0.4262	0.4062
蒙西	0.4028	0.3878	0.3758
宁夏	0.3949	0.3799	0.3649
新疆	0.3780	0.3560	0.3360
青海	0.3582	0.3482	0.3382

全国主要省（区、市）大工业用户销售电价（元／千瓦时）

数据来源：各省能源价格主管部门

全国销售电价统计表

用电类型	电压等级	电度电价（元/千瓦时）		基本电价			
				最大需量（元/千瓦·月）		变压器容量（元/千伏安·月）	
		最大值	最小值	最大值	最小值	最大值	最小值
居民生活用电		0.6410（上海）	0.3771（青海）	—	—	—	—
农业生产用电		0.7070（上海）	0.2260（新疆）	—	—	—	—
一般工商业用电	不满1千伏	0.7673（北京）	0.4157（新疆）	—	—	—	—
	1-10千伏	0.7523（北京）	0.4127（新疆）	—	—	—	—
	20千伏	0.7453（北京）	0.5665（贵州）	—	—	—	—
	35千伏	0.7373（北京）	0.3901（云南）	—	—	—	—
	110千伏	0.7223（北京）	0.4087（新疆）	—	—	—	—
	220千伏及以上	0.7073（北京）	0.4087（新疆）	—	—	—	—
大工业用电	不满1千伏	0.6930（上海）	0.5226（云南）	48（北京）	25.5（天津）	32（北京）	17（天津）
	1-10千伏	0.6740（上海）	0.3582（青海）				
	20千伏	0.6349（广东）	0.5148（辽宁）				
	35-110千伏	0.6240（上海）	0.3482（青海）				
	110-220千伏	0.5970（上海）	0.3382（青海）				
	220千伏及以上	0.5855（天津）	0.3100（新疆）				

注：
1. 居民生活用电取"一户一表"第一档用户各电压等级销售电价均值。
2. 北京市非居民销售电价以城区为例，蒙东电网以赤峰通辽电网为例，广东省以广州市为例，西藏以中部电网为例；
3. 采用峰谷分时电价的省份的取平均值；
4. 上海市取非夏季，不分时销售电价；
5. 青海省一般工商业电价取100千伏安及以上用户，100千伏安及以下用户用电平均时段销售电价；
6. 西藏取丰水期销售电价。

电力改革

Power Reform

1 改革进展

1.1 电力市场建设进展与成效

市场主体范围和交易规模持续增加。2020 年，全国完成市场化交易电量 3.03 万亿千瓦时，同比增长 11.8%，占全社会用电量 40.4%，为电力用户释放红利约 980 亿元。其中，国家电网公司经营区域内市场化交易电量 23152 亿千瓦时，南方电网公司经营区域内市场化交易电量 5035 亿千瓦时；跨省跨区市场化交易电量约 5545 亿千瓦时。

电力现货试点地区全部完成长周期结算试运行。2020 年，南方（以广东起步）、蒙西、浙江、山西、山东、福建、四川、甘肃首批 8 个现货市场试点，陆续完成了月度及以上的长周期结算试运行，标志着我国现货市场建设取得了重要的阶段性成果，为试点地区现货市场正式运行以及其他省份现货市场建设提供了重要的实践依据。

中长期交易规则进一步完善。2020 年 7 月 1 日，国家能源局在充分总结现行电力中长期交易实施经验基础上，发布了新版《电力中长期交易规则》，进一步扩大了市场主体范围，明确了市场主体各方权责及准入、注册、退出机制，完善了价格机制、偏差电量调整机制，规范了信息披露制度，为深化电力市场建设，规范和指导各地中长期交易行为等方面定基定调，推动中长期交易机制更加完善，交易品种进一步丰富。

1.2 电力交易机构改革进展与成效

为构建主体多元、竞争有序的电力交易格局，进一步完善公开透明的电力市场交易平台，2020 年国家发展改革委、国家能源局印发了《关于推进电力交易机构独立规范运行的实施意见》（发改体改〔2020〕234号），进一步厘清交易机构、市场管理委员会和调度机构的职能定位，完善电力交易规则制定程序，加快推进交易机构股份制改造，规范交易机构的人员、资产和财务管理，更好地发挥市场化交易对资源优化配置的决定性作用。

1.3 配售电业务改革进展与成效

1. 增量配网改革试点范围持续扩大，发展制约仍待进一步破除

2020 年 8 月，国家发展改革委、国家能源局发布《关于开展第五批增量配电业务改革试点的通知》，确定 79 个项目纳入第五批试点，推动试点进一步向县域延伸。截至 2020 年底，五批试点项目共计 459 个（不含 24 个取消试点项目），第一批试点项目 94 个，第二批试点项目 88 个，第三批试点项目 114 个，第四批试点项目 84 个，第五批试点项目 79 个。

根据国家发展改革委委托电规总院开发运行的全国增量配电业务改革试点监测评估平台统计，截至 2021 年 3 月，459 个试点中，获得电力业务许可证项目 108 个，已开始供电项目 24 个。

受试点项目"重建设、轻规划"、配电区域划分困难、存量资产处置缺乏实施细则、电力负荷增长不及预期、盈利模式单一、规划建设缺少行业标准等因素影响，我国增量配电业务整体推进较为缓慢。

> **E 全国增量配试点覆盖范围持续扩大**
>
> 全国增量配电试点项目达
> **459 个**

2. 售电公司发展更加理性

截至 2020 年底，全国已在各电力交易中心公示注册的售电公司共计约 4600 家，较 2019 年增加约 100 家。山西、山东、江苏、安徽、河南、四川、广东等省份的注册公司数量已经超过 200 家。其中，广东、山东作为售电侧活跃省份，分别以 848 家和 434 家注册售电公司居于全国前列。

1.4 输配电价改革进展与成效

为贯彻落实中共中央、国务院关于进一步深化电力体制改革和价格机制改革的决策部署，持续推进电价改革，进一步降低社会用电成本，

2020 年 1 月，国家发展改革委修订出台了《区域电网输电价格定价办法》（发改价格规〔2020〕100 号）和《省级电网输配电价定价办法》（发改价格规〔2020〕101 号）；2020 年 9 月，在严格成本监审的基础上，制定出台了区域电网第二监管周期输电价和省级电网第二监管周期输配电价，印发《关于核定 2020 ～ 2022 年区域电网输电价格的通知》（发改价格规〔2020〕1441 号）和《关于核定 2020~2022 年省级电网输配电价的通知》（发改价格规〔2020〕1508 号），标志着我国输配电价监管体系基本完善。

1. 输配电价定价机制进一步完善

《区域电网输电价格定价办法》和《省级电网输配电价定价办法》的修订出台，有利于科学核定电网输配电价，为进一步深化输配电价改革、扩大电力市场化交易奠定基础；有利于促进电网企业加强内部管理、降本增效，为降低实体经济用电成本创造条件；有利于改进政府对电网企业的价格监管，进一步提升输配电价核定的制度化、规范化水平，标志着我国输配电价监管政策体系框架的初步完善。

2. 核定区域电网和省级电网第二监管周期输配电价

国家发展改革委在完善定价制度、严格成本监审的基础上，核定了第二监管周期 5 个区域电网输电价格和各省级电网输配电价，印发了《关于核定 2020~2022 年区域电网输电价格的通知》和《关于核定 2020~2022 年省级电网输配电价的通知》，进一步优化了输配电价格结构，降低了输配电价格水平，为促进在更大范围优化配置电力资源创造了有利条件。

2 重点领域改革展望

2.1 电力市场建设展望

2021 年，电力市场建设将持续深化，市场结构将持续完善，中长期与现货有效衔接的市场体系基本成型。发用电计划进一步放开，发电侧和用电侧放开规模有效匹配。中长期交易规则进一步完善，电力现货市场建设稳步推进，辅助服务市场机制进一步完善。

现货市场建设向宽广发展，第一批电力现货试点地区将开展季度及更长周期的结算试运行，具备条件的其他地区将因地制宜推进现货试点工作。考虑到 2020 年国际上出现了多起大面积停电并引发部分时段市场出清价格高攀的情况，各试点工作将在确保运行安全和供应安全的前提下开展运行和结算。中长期市场将继续发挥规避风险作用，与现货市场的衔接机制也将逐步完善，两者互相促进。与此同时，省间与省内市场衔接、可再生能源参与市场、不平衡资金及其疏导、电源容量补贴机制缺失、现货价格未有效传导至用户侧等问题将有望破冰。

电力体制改革和电力市场发展规划间的有序协调将越来越引起重视，专业化的市场监管评估手段有望投入运行，独立客观公正的第三方评估机构逐步发展壮大，市场主体信用体系初步确立。

电力市场信息披露工作将进一步规范。2020 年 12 月，国家能源局发布《电力现货市场信息披露办法（暂行）》，明确了信息披露主体包括发电企业、售电公司、电力用户、电网企业和市场运营机构。电力现货市场信息分为公众信息、公开信息、私有信息和依申请披露信息四类。该披露办法的出台为指导和规范电力现货市场信息披露工作，加强信息披露管理，维护市场主体合法权益提供了重要依据。

2.2 电力交易机构改革展望

预计 2021 年，电力交易机构运行独立化基本完成，各省级电力交易中心将完成股份制改造，单一市场主体的股权占比将不高于 50%，多元制衡的股权结构基本确立。电力交易机构运行规范化进一步加强，切实提升市场管理委员会的作用，理清调度机构与交易机构的职能划分，规范交易机构的人员、资产和财务管理。强化交易机构监管，实现交易机构运行评估常态化，保证交易机构运行的独立性和规范性。

2.3 增量配电业务改革展望

增量配电业务改革将持续推进，试点项目加快落地实施。增量配电业务改革试点项目将继续向县域延伸，增量配电项目申报和批复常态化。建立完善增量配电网行业标准体系，指导试点项目规划设计工作。在总结前五批增量配电业务改革试点项目经验教训的基础上，研究采用信息化手段开展试点进展定期上报、推进情况汇总分析、申报项目遴选评估等工作，推动试点项目的建设落地。

2.4 电网企业竞争性业务改革展望

电网企业进一步聚焦主业，清晰界定电网企业竞争性业务和垄断性业务，剥离装备制造业，有序放开设计、施工业务。研究建立电网企业参与综合能源服务等新型竞争性业务的监管机制。建立电网企业竞争性业务监管清单，实施清单管理、动态调整。建立电网企业聚焦主责主业督促机制和报告制度。采用剥离、转股和退出等方式，推进电网企业装备制造业分离。推进电网企业分阶段退出勘测设计业务。推进电网企业逐步放开电力施工业务，提升电力施工市场活力。

八

政策解读

Policy Interpretation

1《关于推进电力源网荷储一体化和多能互补发展的指导意见》解读

1.1 政策背景

加速构建清洁低碳、安全高效的能源体系，是实现我国"碳达峰、碳中和"目标、实现高质量发展、可持续发展的重要路径。随着近年来我国清洁能源产业的快速发展，消纳成为清洁能源产业高质量发展的关键保障。因清洁能源大多需要先转化为电能后方可使用，电力系统在提升能源清洁利用水平中将起到至关重要的作用。利用发电环节各个能源品种间的互补特性，充分协调电力系统各个环节间的运行特点，提升能源清洁利用水平和电力系统运行效率，将是贯彻新发展理念，实现电力工业高质量发展的关键。在此背景下，2020 年 8 月 27 日，国家发展改革委、国家能源局酝酿形成了《国家发展改革委 国家能源局关于开展"风光水火储一体化""源网荷储一体化"的指导意见（征求意见稿）》对外公开征求意见。2021 年 3 月，国家发展改革委、国家能源局联合印发了《关于推进电力源网荷储一体化和多能互补发展的指导意见》（发改能源规〔2021〕280 号）（以下简称《指导意见》），为提升能源清洁利用水平和电力系统运行效率指明了方向。

1.2 政策思路

《指导意见》按照宽严相济的基本原则，体现出"两趋松，两趋紧，强保障"的主要思路。

"两趋松"：扩大推进范畴，源网荷储一体化不再局限侧重于围绕负荷中心开展，并将园区级模式扩展至居民区；电力多能互补不再局限侧重于电源基地开发。允许因地制宜，源网荷储一体化及电力多能互补将结合各类可再生能源综合利用率水平、送端近区电力自足持续年限等要求，灵活自主推进，不再"一刀切"。

"两趋紧"：明确推进节奏，对于电力多能互补模式，明确积极实施存量"风光水火储一体化"，探索增量"风光储一体化"，稳妥推进增量"风光水（储）一体化"，严控增量"风光火（储）一体化"。严控新增煤电，增量基地化开发外送项目应充分利用近区现役及已纳入国家电力发展规划煤电项目，配套可再生能源电量比例提升至不低于 50%。

"强保障"：完善政策措施，扩大参与主体范围、基本实现全覆盖，明确定位、权责、作用，增加守住安全底线、建立协调机制、鼓励社会投资等内容。

1.3 政策基调

《指导意见》的总体基调是"清洁低碳、安全为本，义务均等、共享共赢，分类推进、远近结合"。

1. 绿色发展 & 安全底线

《指导意见》明确"优先利用清洁能源资源""优先可再生能源开发利用"等，为可再生能源开发利用开辟新通道、构建新格局，以此作为电力工业高质量发展的重要抓手，促进电力工业转型升级。

《指导意见》强调"守住安全底线""提升重要负荷中心应急保障和风险防御能力"等，绿色发展与保障安全相辅相成，不可偏重偏废，应坚持遵循电力系统发展客观规律和底线思维，紧绷安全弦、筑牢安全线，为全面实现绿色低碳转型构筑坚强的安全屏障，以此实现绿色发展和安全的有机统一。

2. 责任共担 & 利益共享

《指导意见》提出"充分发挥负荷侧的调节能力""强化电源侧灵活调节作用""强化源网荷储各环节间协调互动"等，强调发挥电力负荷柔性响应能力，通过引导用户积极发挥调节效能，逐步改变传统电力系统"源随荷动"运行方式，实现多向互动；强调激发传统存量电源、电网释放调节能力积极性，优化增量调节电源规模，提升可再生能源开发消纳水平和非化石能源消费比重。

《指导意见》提出"建立所在区域的源网荷储一体化和多能互补项目协调运营和利益共享机制"，体现有调节能力机组、储能设施的正向价值，激励市场主体参与宽幅调节电力设施投资积极性，强化各方对一体化项目的认同感和归属感，发挥协同互补效益，保障各方利益。

3. 存量增量 & 近期远期

《指导意见》提出"利用存量常规电源""积极实施存量'风光水火储一体化'提升""探索增量'风光储一体化'，稳妥推进增量'风光水（储）一体化'，严控增量'风光火（储）一体化'"等，对于存量电源项目，基于现役电源装机规模大的特点，重点依托存量电源开展工作，提升存量电力设备利用效率；对于增量一体化项目，需结合各类电源组合特点、调节性能、经济收益等，分类施策。

《指导意见》提出"统筹优化近期开发外送规模与远期自用需求"等，为确保电力外送的持续性可靠性，应充分论证电源基地近区中长期电力供需格局，原则上应在确保中长期（一般按照15年考虑）自足的前提下，明确近期可持续外送规模；对于确有必要近期外送但远期无法自足的基地，为提升送端电力保障能力，维持外送通道利用率，必须超前谋划好远期电力接续方案。

1.4 权责界定

《指导意见》明确一体化项目各方权责：一是国家能源主管部门应发挥统筹协调作用，在组织评估论证和充分征求相关方意见基础上，将具备条件的项目优先纳入国家电力发展规划；二是国家能源局派出机构应发挥建立机制和监管优势，牵头建立所在区域的源网荷储一体化和多能互补项目协调运营和利益共享机制，加强对相关项目事中事后监管，参与一体化项目实施方案研究；三是各省级能源主管部门是组织推进项目的责任主体，应会同相关方开展项目分类组织、研究论证、评估筛选、编制报送、建设实施等工作；四是各投资主体共同推进项目前期工作，全过程配合省级能源主管部门开展相关工作，实现"规划一体化""实施一体化"，并鼓励社会资本参与项目投资开发建设；五是咨询机构参与一体化项目的研究论证和评估筛选工作。

1.5 关键要点

《指导意见》的关键要点是"强化自我调节、减轻系统压力，优化电源配比、发挥互补效应，界面相对清晰、鼓励调控独立"。

1. 强化自调节多互动

一体化项目与常规新能源发电项目、用电项目的本质区别在于"储"，即通过合理配置、充分挖掘和释放生产侧、消费侧调节潜力，发挥"蓄水池""缓冲带"作用，将刚性的发电机组、用电负荷升级为系统友好型元件。转变完全依托大电网实现调节支撑的惯性思想，充分发挥源网荷储一体化项目中负荷侧调节响应能力，加强源网荷储多向互动，降低对大电网的调节支撑需求；充分发挥电力多能互补项目中电源侧灵活调节作用，完全依托项目自身调节能力实现灵活出力，不增加送受端系统的调峰压力和可再生能源消纳矛盾。

2. 突出互补调剂特性

电力多能互补项目与单一类型发电项目的本质区别在于"补"，即在确保安全的前提下，以最大化利用清洁能源为目标，优先发挥各类电源出力特性的协同互补效益，实现整体出力的最优化。充分结合各类电源可开发规模和出力特性、汇集条件和送出能力、电力市场和消纳空间等，实事求是优化确定各类电源规模与配比，切勿步入"以资源定规模和配比"的误区。优先发挥配套常规电源的调峰能力，实现保供兜底，为可再生能源电量让路，并按照"宜储则储"的原则，因地制宜优化储能规模，确保各类可再生能源综合利用率保持在合理水平。

3. 发挥一体集控优势

关于物理分界面，源网荷储一体化项目应通过虚拟电厂等一体化聚合模式与大电网相联，并明确物理分界面；电力多能互补项目的布局宜相对集中，并尽量通过单点接入电力系统，以此充分发挥规模化开发优势、有效衔接各类电源建设进度、实现各类电源出力特性内部互补。关于调控模式，对于具备条件的一体化项目，鼓励成立联合运行调度中心，对内实现统筹协调和优化调度，实现项目的最优化运行；对外服从电力系统调度机构的统一调度，减轻对系统调度资源的过度占用。

2《关于 2020 年风电、光伏发电项目建设有关事项的通知》解读

2.1 政策背景

2019 年 5 月，国家能源局印发了《关于 2019 年风电、光伏发电项目建设有关事项的通知》（国能发新能〔2019〕49 号），重点突出推进平价上网和加大力度实施需国家补贴项目竞争配置的两大方向，同时强化风电、光伏发电项目的电力送出和消纳保障机制，提高市场竞争力，推动产业进入高质量发展的新阶段。

2020 年是"十三五"规划的收官之年，做好 2020 年风电、光伏发电行业管理工作，对巩固"十三五"发展成果、推进"十四五"良好开局具有重大意义。为做好 2020 年行业管理，持续推动风电、光伏发电稳中有进、稳中提质，促进产业高质量健康发展，2020 年 3 月 5 日国家能源局印发《关于 2020 年风电、光伏发电项目建设有关事项的通知》（国能发新能〔2020〕17 号）（以下简称《通知》）。

2.2 政策思路

2020 年风电、光伏发电项目建设管理总体延续了《关于 2019 年风电、光伏发电项目建设有关事项的通知》确定的政策思路，包括：积极推进平价上网项目、有序推进需国家财政补贴项目、全面落实电力送出消纳条件、严格项目开发建设信息监测，保障了政策的延续性，有利于推进风电、光伏发电向平价上网的平稳过渡，实现行业的健康可持续发展。在此基础上，结合行业发展新情况，《通知》对 2020 年风电、光伏发电项目建设管理具体方案进行了调整完善。

2.3 政策要点

《通知》对 2020 年度风电、光伏发电项目建设提出四项总体要求。一是对省级能源主管部门，要求根据国家可再生能源"十三五"相关规划、电网消纳能力、监测预警要求等，合理安排新增核准（备案）项目规模，规范有序组织项目建设，并加强项目信息管理。二是对电网企业，要求及时测算论证 2020 年风电、光伏发电新增消纳能力并落实消纳方案，做好电力送出工程建设衔接，合理安排项目

并网时序。三是对投资企业，要求理性投资、防范投资风险，严格落实各项建设条件，有序组织项目开工建设，加强工程质量管控。四是对各派出机构，要求加强对规划落实、消纳能力论证、项目竞争配置、电网送出工程建设、项目并网消纳等事项的监管。此外，《2020 年风电项目建设方案》和《2020 年光伏发电项目建设方案》作为附件随《通知》一并发布，分别对做好 2020 年风电、光伏发电建设工作提出了具体要求。

1. 鼓励优先建设平价上网风电项目

各省级能源主管部门按照《国家发展改革委 国家能源局关于积极推进风电、光伏发电无补贴平价上网有关工作的通知》（发改能源〔2019〕19 号）（以下简称"19 号文"）要求，积极组织开展平价上网项目：一要落实电力送出、消纳等条件；二要确保项目在 2020 年底前能够核准并开工建设；三要重点鼓励各类在建或核准后未实质性开工的有补贴风电项目自愿转为平价项目；四要报国家能源局并抄送所在地派出机构，及时统计并适时公布，督促相关机构协调推进项目建设，加强对有关支持政策的落实。

2. 有序组织需要国家补贴的风电项目建设

各省级能源主管部门按照规划和消纳能力，有序组织需要国家补贴的风电项目建设。《风电发展"十三五"规划》各省级区域 2020 年规划并网目标减去 2019 年底已并网和已核准在有效期并承诺建设的风电项目规模（不包括平价上网风电项目和跨省跨区外送通道配置项目），为本省（区、市）2020 年可安排需国家财政补贴项目的总规模。2018 年底之前核准的陆上风电项目，2020 年底前不能完成并网的，可转为平价项目，不再占需国家补贴项目的总规模。同时，为加强信息公开，引导企业理性投资，要求各省级能源主管部门及时向社会公布剩余容量空间。

3. 继续积极支持分散式风电建设

鼓励各省（区、市）创新发展方式，积极推动分散式风电通过市场化交易试点方式进行项目建设。要落实核准承诺制，构建"一站式"服务体系，完善标准规范，积极支持分散式风电发展。不参与分布式市场化交易试点的仍需财政补贴分散式风电，要与陆上集中式风电一并纳入规划总量控制，不得随意扩大建设规模。

4. 稳妥推进海上风电建设

对累计并网容量、开工规模已超出《风电发展"十三五"规划》和国家能源局审定批复的海上风电规划目标的省份要暂停海上风电项目竞争性配置和核准工作。各省需落实已核准项目的建设条件，合理把握海上风电建设节奏，并对照公示的三类项目清单，有序组织项目建设。

5. 落实电力送出消纳条件

一方面，国家能源局会及时、尽早发布 2020 年风电投资监测预警结果，引导风电企业理性投资。另一方面，要求国家电网有限公司、南方电网公司、内蒙古电力公司会同新能源消纳监测预警中心及时测算论证经营范围内各省级区域 2020 年风电新增消纳能力，报国家能源局复核后及时对社会发布，促进风电合理布局，防范投资风险。

6. 积极推进无补贴平价上网光伏发电项目建设

平价上网项目由各省级能源主管部门按照 19 号文有关要求，在落实接网、消纳等条件基础上组织实施，以更好地落实"放管服"工作要求，为地方的平价上网项目创造有利条件。相关项目应在 2020 年底前完成备案且开工建设。

7. 分类管理不同类型需要国家补贴光伏项目

需国家财政资金补贴的光伏发电项目参照 2019 年建设方案有关要求执行，即户用光伏不参与补贴竞价，只有 2020 年新建的需要国家补贴的光伏发电项目（包括集中式光伏电站和工商业分布式光伏项目，下同）参与补贴竞价，由地方通过竞争配置方式组织项目、国家通过全国统一竞价排序确定补贴名单。相应地，补贴资金亦按照分类切块管理，即 2020 年度新建光伏发电项目补贴预算总额度为 15 亿元，其中 5 亿元用于户用光伏，10 亿元用于补贴竞价项目。

3《关于推进电力交易机构独立规范运行的实施意见》解读

3.1 政策背景

2015 年，中发 9 号文及其配套文件中明确提出建立相对独立的电力交易机构，形成公平规范的市场交易平台。将原来由电网企业承担的交易业务与其他业务分开，实现交易机构相对独立运行，并完善电力交易机构的市场功能。经过 4 年多的改革，全国各省均完成了交易机构的组建工作，同时成立了北京电力交易中心和广州电力交易中心两个区域电力交易中心。电力交易机构完成了由电网企业"内设机构"向"相对独立"的转变。

随着市场化交易电量的不断增加，市场交易品种的不断丰富，尤其是 2017 年电力现货市场试点建设工作启动以来，市场主体对于交易机构运行的专业性和独立性、规则拟定和交易组织的公平公开、信息发布的及时准确等方面都提出了更高的要求。为了更好地发挥交易机构交易平台作用，促进电力交易组织体系完善，进一步深化电力体制改革，2020 年 2 月，国家发展改革委、国家能源局印发《关于推进电力交易机构独立规范运行的实施意见》(以下简称《实施意见》)，为我国电力交易机构定位和发展指明了方向。

3.2 主要内容

《实施意见》明确了电力机构独立规范运行的总体要求和主要目标，提出"一厘清、一改造、四规范"的具体举措，同时也对交易机构监管工作提出了具体要求。

1. 总体要求和目标

《实施意见》在总体要求和主要目标中重点明确了两方面内容，一是交易机构应该发挥的作用，二是交易机构下一阶段的发展目标。对于交易机构应发挥的作用，《实施意见》更加强调交易机构对于电力市场化改革的平台和推动作用，要求建设完善公开透明的电力市场交易平台，为"加快推进建立市场化电价形成机制，建立电力运行风险防控机制，逐步实现经营性电力用户发用电计划全面放开创造条件"。对于交易机构下一阶段的发展目标,《实施意见》提出了三阶段目标,第一阶段在 2020 年底前,交易机构的股权结构进一步优化、交易规则有效衔接,与调度机构职能划分清晰、配合有序;第二阶段在 2022 年底前,在京津冀、长三角、珠三角等地区的交易机构相互融合,以适应区域经济一体化相关要求。第三阶段在 2025 年底前,基本建成主体规范、功能完备、品种齐全、高效协同、全国统一的电力交易组织体系。三阶段目标分步实施,既是交易机构下一阶段的发展目标,也是对未来我国电力市场体系建设做出的基本安排,形成省级、区域级和国家层面的统一电力市场体系,更好地推动电力资源在全国范围内更有效地配置。

2. 具体举措

《实施意见》中"一厘清、一改造、四规范"具体举措的提出,可以说是恰逢其时,所针对的问题均是交易机构独立规范运行过程中面临的关键问题。

"一厘清"最重要的就是厘清交易机构和调度机构的职能界面。交易机构负责交易组织,调度机构负责执行交易结果并对交易申请进行安全校核,保证系统运行安全,两者业务界面强关联、强耦合。交易机构从电网企业独立后,必须要厘清两者的职能界面,明确相关责任,保证电力市场和电力系统的平稳有序运行。2003 年,加州电力危机中部分原因就是交易机构和调度机构责任划分不清、缺乏有效的配合协调机制,导致市场长期出清在最高限价,出现大规模限电、停电。

此外,对于交易机构,《实施方案》首次提出"结合区域市场建设,鼓励交易机构开展股权业务融合,允许市场主体自由选择交易机构",允许交易机构竞争,有助于交易机构进一步完善服务,能够针对用户研究、推动、开展适合不同地区、不同用户需求的交易品种,也能够整合资源,避免交易机构"同质化"。目前,欧洲很多国家或地区的交易所,都在开展其他国家或地区内的交易业务,逐步形成交易所之间的竞争。

"一改造"要求电力交易机构逐步改变现在大部分由电网企业控股的局面,按照"多元制衡"原则推进电力交易机构股份制改造,要求电网企业持股比例降至 50% 以下,同时要求单一股东持股比例不得超过 50%。股权结构的完善,有助于电力交易机构形成现代企业组织管理体系和公司法人治理结构,是实现电力交易机构独立自主经营的基础。

"四规范"是从两个方面规范电力交易机构运行。一方面,是从电力交易机构公司管理层面,《实施方案》要求规范交易机构人员、资产和财务管理,明确了交易机构人员组成形成、现有资产管理以及交易机构收入来源,从"人—财—物"三个层面,保证电力交易机构的独立地位。另一方面,是从电力交易机构业务层面,《实施方案》要求"完善电力交易规则制定程序""共同做好电力交易组织实施""健全信息共享和安全保障机制",从交易规则制定、电力交易组织、信息共享和安全保障机制三个方面规范电力交易机构运行。在交易规则制定程序上，交易机构无权变更已经审定的交易规则，但是可以根据实际业务开展情况提出具体修改意见。同时，也明确了交易规则需要有市场管理委员会初步审议，征得所有市场管理委员会成员同意后，方可报告相关政府部分审定。在电力交易组织上，明确了调度机构负责市场化条件下系统安全保障的责任。同时《实施方案》进一步明晰了交易机构和调度机构在现货市场中的业务分工，提出，在现阶段电力交易机构负责现货市场交易，随着交易机构建设，可以适时探索由交易机构组织开展日前交易。在信息共享和安全保证机制上，要求国家电网公司、南方电网公司统一交易平台建设，在保证信息共享的同时，要做好数据安全等保障工作。《实施方案》对交易机构做好市场信息披露和共享工作提出了基本要求，为市场信息披露管理办法等的出台提供了政策依据。

3. 监管体系建设

电力市场建设和电力市场监管体系建设需要同步开展，同步完善，否则就可能产生木桶效应，使得电力市场建设产生的改革红利无法有效向用户侧释放。《实施方案》在要求政府相关部门健全专业化监管制度的同时，提出引入第三方专业评估机构，形成政府监管与外部监管密切配合的综合监管体系。第三方监管制度的引入无论是对于规范电力交易机构运营，还是保证电力市场平稳有序运行都至关重要，下一步，应该尽快研究制定综合监管体系实施细则，形成对于交易机构和电力市场的有效监管。

3.3　相关建议

随着《实施方案》的出台，电力交易机构独立规范运行的整体框架已经确立，但是电力交易机构作为电力市场交易的组织方、交易规则制定的参与方、市场信息的披露方以及市场监管的配合方，对于我国电力交易机构未来的发展，仍要从以下几个方面做好相关工作。

一是电力交易机构应进一步提升专业能力，增加人员配备，积极适应电力现货市场建设。电力现货市场是电力市场体系的核心，电力现货市场建设也给交易机构和调度机构提出了新的挑战，无论是从规则的制修订、交易组织方式、信息披露方式等市场交易环节，还是电力系统运行安排等生产环节，都与之前中长期电量交易存在本质性的区别。交易机构应积极应对，提前布局，做好前期研究，在《实施方案》规定的业务范围内，做好与调度机构的衔接工作，确保电力交易与电力调度协调有序，确保电力系统安全稳定运行。

二是电力交易机构的发展需与电力市场发展匹配适应。无论是交易机构的成立、独立规范运行，还是下一步可能出现的电力交易融合都是与电力市场的发展阶段相适应的。电力交易机构的发展往往伴随着市场化交易量的增加、交易品种的丰富和市场范围的扩大。政府相关部门应该做好市场建设和交易机构发展的协同规划，同时应该充分激发交易机构活力，引导交易机构在市场规则完善、市场间融合等关键问题上发挥作用。

三是引导电力交易机构积极布局电力期货、电力金融衍生品以及绿证交易。中发 9 号文中明确提出，各地可根据实际情况，探索电力期货等金融交易。随着电力现货市场建设的不断深入，市场主体对于电力期货以及输电权等金融衍生品交易的需求和呼声不断增强。政府能源主管部门、证监部门和电力交易机构、其他类型交易中心要做好协调沟通，统筹好电力市场建设相关金融产品市场建设。电力交易机构应抓住窗口期，利用行业优势，积极探索研究电力期货和电力金融衍生品交易，扩大交易规模。随着"双碳"目标的提出，市场主体对于绿证交易的需求较为迫切，绿证作为一种电力生产的伴生产品，天然与电能量交易挂钩，电力交易机构应充分发挥作用，在做好与其他相关机构信息共享工作的同时，积极探索开展绿证交易。

4《关于进一步完善抽水蓄能价格形成机制的意见》解读

2021 年 4 月 30 日，国家发展改革委发布《关于进一步完善抽水蓄能价格形成机制的意见》（发改价格〔2021〕633 号）（以下简称《完善意见》）。该意见的出台，对促进抽水蓄能健康可持续发展将发挥积极推动作用，对于进一步提高系统调节资源的有效供给，促进构建新型电力系统，恰逢其时，意义重大。

《完善意见》在保持两部制电价机制定价原则总体稳定的基础上，合理引入市场价格机制，并进一步明确了容量价格回收渠道，将原有"政府核定电量电价及容量电价"的两部制电价机制改进为"以竞争性方式形成电量电价，并将容量电价纳入输配电价回收"的新型抽蓄价格机制。

作为深化电力体制改革、完善价格形成机制的又一重要举措，此次抽水蓄能价格形成机制改革，一方面通过市场竞争形成电量电价，强化了与当前电力市场改革进程的协调统一，解决了原有价格机制与市场建设不能有效衔接的突出矛盾；同时，兼顾了政策稳定性，以政府核定容量电价、容量电价纳入输配电价回收作为抽水蓄能电价机制的基本稳定器，为在以新能源为主体的新型电力系统中，加快抽水蓄能产业发展，促进新能源消纳、推动能源绿色低碳转型提供了必要的价格政策保障。另一方面，此次价格形成机制改革中融入激励相容、标尺竞争等价格管制方法，体现了价格机制创新的新理念。

4.1 坚持政策稳定性和创新性并举，兼顾抽水蓄能产业发展与参与市场竞争之间的协调关系

为了保障电力供应与电网运行安全，作为现阶段较为成熟、经济的灵活调节技术，抽水蓄能将成为以新能源为主体的新型电力系统的重要组成部分。从促进抽水蓄能电站加快发展的角度出发，现阶段，需要对抽水蓄能产业给予适度的政策倾斜。同时，电力体制改革的纵向深化、电力市场建设的不断完善，也为抽水蓄能电站作为独立主体参与市场竞争提供了条件。

此次抽水蓄能价格形成机制改革，通过引入"以竞争性方式形成电量电价，将容量电价纳入输配电价回收"的新型价格机制，兼顾了促进抽水蓄能产业发展与有序参与市场竞争之间的平衡与协调关系。

◎ **坚持以两部制电价政策为主体，释放稳定的合理收益预期**

为保障政策稳定性，并实现对抽水蓄能产业快速发展的合理支撑，《完善意见》坚持以两部制电价政策为主体，提出抽水蓄能电站通过容量电价回收抽发运行成本外的其他成本并获得合理收益，并明确经营期内资本金内部收益率按 6.5% 取定，保证了抽水蓄能商业运营模式、预期收益的稳定性，进一步鼓励了抽水蓄能产业的投资。

为保证容量电费合理疏导，《完善意见》提出政府核定的抽水蓄能容量电价对应的容量电费由电网企业支付，并纳入省级电网输配电价回收，从机制设计层面为抽水蓄能容量电费的合理疏导提供了保障路径。

◎ **坚持市场化为导向，鼓励抽水蓄能参与市场竞争**

考虑到当前不同省区电力市场化改革进程存在的实际差异，在市场化导向框架下，《完善意见》提出差异化的电量电价形成机制：对于电力现货市场运行的地方，抽水蓄能电站抽水电价、上网电价按现货市场价格及规则结算，通过市场竞争实现了抽水蓄能调峰服务价值的完全性体现；对于尚未构建电力现货市场的地方，由于发电侧分时价格信号尚未建立，《完善意见》创新性地提出鼓励通过竞争性招标方式采购抽水电量，通过低谷抽水竞争性招标市场的建立，形成带有低谷价格信号的发电侧分时价格，进而实现抽水蓄能调峰服务价值在一定程度上的货币化体现。

4.2 健全激励机制，体现激励相容重要原则

《完善意见》有效构建了激励机制，一方面鼓励引导抽水蓄能电站作为独立市场主体参与电力中长期交易、现货市场交易和辅助服务市场（补偿机制），一方面明确参与市场的相关收益"20% 由抽水蓄能电站分享，80% 在下一监管周期核定电站容量电价时相应扣减"。这一收益分享的机制安排，体现了机制设计中的激励相容原则，使得抽水蓄能电站在优化个体收益的同时，与顶层设计的导向相兼容，充分释放抽水蓄能电站在电力系统中的调节价值。同时，下一监管周期 80% 的扣减也合理兼顾了降低输配电成本的政策目标，实现了全社会各利益相关主体的共赢。

4.3 约束机制融入标尺竞争的基本理念

《完善意见》在抽水蓄能容量电价核定办法中首次融入了标尺竞争的新理念，明确以行业先进水平合理确定核价参数，提高了政府定价的规范化、透明度。

对于现金流核算中运行维护费率，明确按在运电站从低到高排名前 50% 的平均水平核定，在以竞

争性方式形成电量电价的同时，提高了容量电价中的竞争成分。同时，《完善意见》通过强化抽水蓄能电站的建设与运行管理、加强使用情况的监管和考核，做到激励和约束"双管齐下"，保障抽水蓄能规划的科学性和合理性，增强抽水蓄能项目的经济性，促进抽水蓄能电站健康可持续发展。

4.4　首次提出考虑功能定位和服务范围的容量电费分摊原则

容量电费的分摊疏导是理顺抽水蓄能价值传导链的重要环节。考虑到各抽水蓄能电站在功能定位和服务范围上的差异，按照"谁受益、谁承担"原则，《完善意见》进一步促进了抽水蓄能容量电费分摊结构的合理化。对于服务于区域电力系统的抽水蓄能电站，《完善意见》提出，容量电费在多个省级电网的分摊与区域电网容量电费的分摊相统一，注重了与输配电价政策的衔接，有利于抽水蓄能电站发挥容量备用效益。对于在项目核准文件或可研报告批复中明确服务于特定电源和电力系统的抽水蓄能电站，《完善意见》提出，容量电费按容量分摊比例在特定电源和电力系统之间进行分摊，做到了抽水蓄能项目的闭环管理，有利于探索抽水蓄能电站与特定电源一体化运营的新模式。

4.5　配套保障机制，为社会资本参与抽水蓄能电站建设保驾护航

为积极调动社会资本参与抽水蓄能电站建设，保障非电网投资抽水蓄能电站合理权益，《完善意见》提出"电网企业要与非电网投资主体投资建设的抽水蓄能电站签订规范的中长期购售电合同，坚持公平公开公正原则对抽水蓄能电站实施调度，严格执行我委核定的容量电价和根据本意见形成的电量电价，按月及时结算电费"。

"规范的中长期购售电合同""按月及时结算电费"两项明确的约束性要求，为社会资本投资抽水蓄能电站提供了必须的机制遵循，稳定了其投资的可预期性，极大调动了社会资本参与抽水蓄能电站建设的积极性。

九

观点汇编
Perspective Compilation

"碳达峰、碳中和"背景下能源电力发展路径浅析

为加快形成绿色发展方式和生活方式，建设生态文明和美丽地球，2020 年 9 月 22 日习近平主席在联合国大会上郑重提出，"中国将提高国家自主贡献力度，采取更加有力的政策和措施，二氧化碳排放力争于 2030 年前达到峰值，努力争取 2060 年前实现碳中和。"这一承诺彰显了我国坚持绿色低碳发展的战略定力和积极应对气候变化、推动构建人类命运共同体的大国担当。

一、能源电力行业"碳达峰、碳中和"的重要意义

践行碳达峰、碳中和战略，能源是主战场，电力是主力军。目前我国二氧化碳排放中，与能源相关排放占比接近 90%，而其中电力行业二氧化碳排放占比 40% 左右。同时，在"碳达峰、碳中和"战略目标下，煤炭、石油、天然气均需尽早达峰，将进一步推动能源领域以电力为中心的高度电气化的发展，电力行业绿色低碳发展任务将十分艰巨。

当前，大力发展非化石能源是推动能源行业尽早实现碳达峰、如期实现碳中和的必由之路。绝大多数非化石能源需先转化为电能后方可大规模、广泛利用。在非化石能源发电中，中东部水电基本开发完毕，中长期来看，大型水电基地开发资源有限；安全方面和装备技术制造能力方面，未来核电在迎接发展机遇的同时仍存在较大不确定性。在这一背景下，全面大力推动风电、光伏发电等新能源发展是实现电力行业尽早碳达峰的必然选择。

随着波动性较大、抗扰动能力较低的新能源大规模接入电网，新型电力电子设备比例大幅提升，极大改变了传统电力系统的运行特性，传统电力系统在理论分析、控制方法等方面难以适应。新能源发电装机持续大规模高比例并网，对传统电力系统的规划和运行提出了巨大挑战，仅依靠传统电力系统在电源侧和电网侧的调节手段已经难以满足新能源持续大规模并网消纳的需求。同时，传统电力系统难以适应灵活开放电力市场构建需要。面向未来，为促进大规模高比例新能源持续开发利用、提升复杂电力系统安全水平、应对非传统安全挑战、适应电力系统充分市场化环境，在碳中和目标下实现电力工业高质量发展，亟待构建以新能源为主体的新型电力系统，助力碳达峰尽早实现。

二、能源领域"碳达峰、碳中和"路径分析

碳中和的实现条件是全社会的碳排放与碳吸收固定平衡，即目标水平年的碳排放总量全部被吸收固定。碳吸收固定包括碳汇和碳捕集封存。根据相关预测综合判断，到 2060 年我国碳汇潜力达 10 亿吨左右，化石能源碳捕集以及生物质碳捕集的规模总量有望达到 10 亿吨 ~20 亿吨。据此，仅从能源领域碳排放考虑，2060 年实现"碳中和"要求能源消费碳排放量至少降至 30 亿吨左右。在上述目标下，2060 年化石能源消费量须降至 15 亿吨标准煤以下，非化石能源消费比重在 75% 以上。

结合各机构研究综合分析，碳达峰目标下，预计 2030 年我国能源消费总量在 60 亿吨标准煤左右，非化石能源占比将达到 25% 以上，能源消费碳排放量将控制在 105 亿吨以内。从各类一次能源看，"十四五"期间我国将实现煤炭消费达峰，同时将持续提高电煤消费比重，大幅降低电力行业以外的煤炭消费量，有序发展现代煤化工产业，预计 2030 年前电力行业煤炭消费量仍有一定增长。"十五五"期间将实现石油消费达峰，2035 年前后实现天然气消费达峰。

为实现"碳达峰、碳中和"目标，我国将持续提高非化石能源消费比重，推动非化石能源向主体能源转变。2020 年，我国非化石能源消费比重约 16%，为努力实现碳达峰，2025 年我国非化石能源消费比重需达到 20% 以上，2030 年需达到 25% 以上，此后还将进一步加速提高。

三、电力行业"碳达峰、碳中和"路径分析

电力行业碳达峰的实现条件是，全社会电力消费增量与非化石能源发电量增量基本平衡，即目标水平年的用电增量大部分由新增非化石能源发电供应，新增化石能源消费可由碳捕集封存平衡。

2020 年，我国全社会用电量 7.5 万亿千瓦时，人均用电量约 5290 千瓦时，接近英国当前水平，较美国、日本等国家仍有差距。"30·60"战略要求我国实现更高水平电气化，支撑煤炭、石油、天然气尽早达峰。制造强国的发展目标决定了二产用电仍将刚性增长，大数据、电动车、电能替代等将带动三产用电持续快速增长，人民对美好生活的用电需要将不断推动居民生活用电稳步增长。预计"十四五"期间每年用电量增长约 3700 亿千瓦时 ~4900 亿千瓦时，"十五五"约 2900 亿千瓦时 ~4600 亿千瓦时，2045 年前后用电增长趋于饱和。

"十四五"期间，水电、核电等长周期非化石电源投产时序已基本明确，预计"十四五"常规水电和核电分别新增约 4000 万千瓦和 2000 万千瓦。为实现 2025 年 20% 非化石比重目标，2025 年新能源装机需达到 10 亿千瓦以上，"十四五"风电和太阳能发电合计新增 5 亿千瓦左右，生物质发电新增约 1500 万千瓦。计及上述全部非化石电源增量，"十四五"非化石电源年均发电量增量约 2400 亿

千瓦时。即在此条件下，"十四五"期间仍有年均约 1300 亿千瓦时 ~2500 亿千瓦时的电量缺口需由火电补充，此期间电力行业二氧化碳排放不能达峰。

"十五五"期间，常规水电和生物质发电发展潜力相对有限，预计分别新增约 2000 万千瓦和 5000 万千瓦。核电按装备生产、施工建造最大能力（每年 6 台 ~8 台）考虑，每年新增约 1000 万千瓦。新能源发电年均增长 1.1 亿千瓦左右。考虑雅鲁藏布江"十五五"期间还不能大规模开发投产，预计 2030 年常规水电装机 4.1 亿千瓦左右；此外，核电约 1.2 亿千瓦，生物质发电约 9000 万千瓦，风电与光伏发电约 16 亿千瓦左右，2030 年非化石能源消费比重可达 25% 以上。计及上述全部非化石电源增量，"十五五"非化石电源年均发电量增量约 3100 亿千瓦时。据此测算，电力行业二氧化碳排放可于 2029 年左右达峰，峰值为 48 亿吨，较 2020 年增加约 8 亿吨。

电力行业碳达峰后将进入平台期，火电发电量不再增加，碳排放总量稳中有降。新增用电需求主要通过先进核电、新能源 + 储能、水电等电源满足。达到寿命期的火电陆续退役，CCUS 持续推广应用。到 2060 年，依托先进核电技术、先进储能技术、移动储能及分布式发电技术，建成"零碳"电力系统，实现电力行业碳中和。

四、电力行业转型发展重点任务

"碳达峰、碳中和"战略目标下，电源侧、电网侧、负荷侧均需要进行转型发展，助力构建以新能源为主体的新型电力系统，促进电力行业绿色低碳转型。

在电源领域，将推动非化石电源大规模快速发展，坚持以生态优先、绿色发展为导向，深化能源供给侧结构性改革，优先发展水电、核电、风电、太阳能发电、生物质发电等各类非化石能源电源，打造多元清洁的能源供应体系，保障充分消纳利用，努力提高非化石能源发电量增量。

在电网领域，电力资源配置方式将由煤电、水电等传统基地外送向新能源一体化开发外送、源网荷储一体化就近利用转变，电网形态由区域互联的大电网向大电网与微电网、分布式电网兼容并举转变，智能配电网将成为未来电网发展重点。

在用电领域，大力推广节能降耗，坚持节约优先，抑制不合理消费，加快调整优化产业结构，控制高耗能产业扩张，形成具有更高附加值的产业链供应链，控制用电增量。用电模式由单向流动转变为源网荷储双向互动模式，同时将加强需求侧响应，加快电动汽车、储能、可中断负荷规模化发展。用电形式将呈现多样化特征，持续加大清洁取暖、港口岸电、工业电锅炉等多种形式的电能替代，用电形式将呈现多样化特征。

新时代新能源发展趋势与建议

经过十余年规模化发展，以风电和光伏发电为主的新能源发电已超过水电成为我国第二大类电源，为构建我国清洁低碳、安全高效的能源体系做出了重要贡献。随着风电、光伏发电成本持续下降，以及新能源补贴全面退坡，新能源发电将全面进入平价的新发展阶段。我国已正式向国际社会承诺"二氧化碳排放力争于 2030 年前达到峰值，努力争取 2060 年前实现碳中和"，提出"2030 年非化石能源占一次能源消费比重达到 25% 左右，风电、太阳能发电总装机容量达到 12 亿千瓦以上"的目标任务，我国能源革命将以低碳为主线提速推进，未来风电、光伏发电等新能源发电将成为非化石能源增长的主要贡献者，新能源发电正迈入高质量快速发展的新时代，行业发展正出现一些新特征、新趋势，需要有新发展思路保障高质量发展。

一、新时代新能源发展趋势

（一）行业发展由补贴驱动进入全面平价 / 低价和市场化阶段

我国风能和太阳能资源丰富，是提供非化石能源新增供应的主要来源之一。自 2006 年国家颁布《可再生能源法》，开始实施可再生能源电价补贴政策以来，以风电、光伏发展为主的新能源规模化快速发展，行业装备技术水平得到不断提升。截至 2020 年底，我国风电、光伏发电装机容量已超过 5.3 亿千瓦，占全部电源装机容量的 24.3%，装机容量超过了水电和核电之和。2020 年，我国风电、光伏发电量 7270 亿千瓦时，占全部发电量的比重达到 9.5%，同比提升了 0.9 个百分点。然而新能源的快速发展也给国家财政补贴带来巨大压力。截至 2020 年底累积补贴缺口已超过 2500 亿元，补贴平均拖欠时间超过 2 年。即使不新增补贴项目，补贴缺口仍在持续扩大。因此，新能源发展必须尽快探索一条摆脱财政补贴依赖的可持续发展道路。当前，部分省区新能源度电成本已低于煤电基准价。未来随着技术不断进步，风电、光伏造价整体呈下降趋势，理论利用小时数将保持上升态势，在确保消纳的前提下，新能源度电成本将进一步下降。从今年开始风电光伏发展将进入平价阶段，摆脱对财政补贴的依赖，国家也正在研究启动新能源低价竞价上网工作，实现市场化发展、竞争化发展。

（二）项目开发由开发侧资源导向转为兼顾系统侧消纳的方向

在过去新能源处于高补贴强度的发展时期，由于有电价补贴的支持，能够在一定程度抵消弃风弃光等消纳问题带来的风险，开发企业更着力于在资源侧"跑马圈地"，注重发展规模指标，对市场消纳关注不足，发展模式较为粗放。地方政府更多从间接争取国家财政支持角度鼓励新能源发展，未充分将新能源发展与本地的能源生产消费体系予以统筹。

"十四五"期间，风电、光伏发电即将全面进入后补贴时代。对新能源项目的规划、建设、商业模式、运行管理等各环节均产生巨大影响。从新能源项目开发角度，随着补贴强度的降低和取消，新能源开发企业利润空间收窄，新能源的电力商品属性将愈加突出。消纳利用水平与新能源投资收益水平的联系愈加紧密。项目收益对于新能源项目的发电利用小时数更加敏感。新能源项目将面临缺少标杆上网电价作为投资决策参照，项目投资风险加大。因此需要将新能源的生产、输送、消费作为一个整体考量才能保证项目的长期合理收益。从全社会用能成本考虑，新能源电力的综合成本既包括了新能源发电项目本体的建设运行成本，也包括电力系统调节、输送、分配到终端用户的系统成本。要进一步提高新能源的综合竞争力，就必须要着力降低这两部分成本。通过优化新能源消纳方案，一方面充分发挥风电、光伏发电近零边际成本的优势，通过充分消纳摊薄平均度电成本。另一方面，通过"源—网—荷"的综合优化规划设计、创新新能源消纳利用模式，减少对系统常规调节能力的依赖，降低中间输送分配环节的成本，从而降低全社会使用新能源的综合成本。此外，在国家补贴退出后，地方政府一方面要承担可再生能源电力消纳责任权重落实的责任义务，另一方面需要更多考虑新能源发展与地区经济发展充分融合，推动生产生活方式绿色转型升级。

（三）规模管理由上限规模约束转变为下限规模约束模式

我国在新能源的发展初期曾一度出现较为严重的弃风弃光问题。"十三五"以来，政府加大了对新能源建设布局和消纳能力的引导，建立了风电、光伏发电投资监测预警机制，新增项目规模上限由系统新增消纳空间确定，总体上保证了新能源建设的有序推进。得益于国家主管部门依照消纳能力安排指导新能源发展规模和布局优化，并且通过电网企业、地方政府等部门的多方努力有效释放电力系统内部的消纳潜力，新能源消纳问题得到较好的改善。2020年全国风电和光伏利用率分别达到96.5%和98.0%，新能源消纳利用水平已达到国际先进水平。《清洁能源消纳行动计划（2018-2020年）》提出的全国及重点省份2020年新能源利用率目标全面完成。

2019年，国家能源主管部门以《可再生能源法》为依据，借鉴国际经验，提出建立健全可再生能源电力消纳保障机制，即对各省级行政区域设定可再生能源电力消纳责任权重。实行消纳责任权重的目的在于促进各省级行政区域优先消纳可再生能源，同时促使各类承担消纳责任的市场主体公平承担消纳可再生能源电力责任，形成可再生能源电力消费引领的长效发展机制。未来在"碳达峰、碳中和"目标下，可再生能源电力将成为我国碳减排路径上至关重要的支撑性力量，可再生能源发展将成为刚性需求，未来新能源行业不再仅是补充和替代，而将成为能源供给侧的主力。"十四五"期间，国家能源主管部门重点以可再生能源电力消纳责任权重为导向，调控新能源开发布局，新增新能源项目规模下限将由消纳责任权重确定。可再生能源电力消纳保障机制是推动新能源高比例、大规模、低成本、市场化发展的重要制度机制。

二、新时代新能源发展建议

（一）加快推进电力市场化改革

一是建立健全电力辅助服务市场机制。建立和完善调峰、调频、备用等辅助服务市场，推动电储能、需求侧响应等参与辅助服务市场，扩大市场范围。完善辅助服务补偿机制，建立健全抽水蓄能、电化学储能等参与市场机制，激励灵活性资源参与系统调节，主动提供辅助服务。二是结合现货市场试点建设情况，探索新能源参与现货市场机制。从国外经验来看，电力现货市场的建设是消纳新能源最根本的措施。需要逐步放开保障性收购电量，健全合约机制，建立中长期交易与现货市场衔接机制，探索建立新能源参与现货市场模式，实现清洁能源全电量参与市场竞价，自主确定发电计划，通过市场价格信号引导新能源消纳。三是建立基于可再生能源电力消纳保障机制的电力交易机制。基于可再生能源电力消纳保障机制要求，建立完善适应消纳责任权重要求的电力交易机制，建立配额制下的绿证交易、超额消纳量交易与电力市场衔接机制。

（二）统筹协调源网荷储促进新能源消纳

"十三五"以来，新能源消纳问题得到较好的改善。但从中长期看，促进清洁能源消纳是一个需要持续动态调节、长期治理的过程。未来电力系统需要采取多种措施适应新能源大规模发展的要求，否则仍存在新能源消纳困难的风险。我国新能源发电消纳利用不充分、区域发展不均衡的问题始终存在。新能源发展初期的主要消纳问题是局部并网送出受阻、并网标准不完善等。当前阶段主要面临系统日内调峰能力不足、主网架输电通道受阻的问题。未来高比例新能源电力系统还将面临跨月、跨季调节能力不足、频率电压等安全稳定运行风险等问题。未来实现高比例的新能源发展必须进一步加强"源、网、荷、储"统筹协调，进而推动电力系统的升级革新，作为未来电力系统主力电源之一的新能源，需要全面、主动参与这一过程。

（三）因地制宜制定新能源合理利用率目标

当前我国新能源消纳利用水平已达到国际先进水平，合理弃风弃光有利于提高电力系统运行效率和整体的经济性，需要综合考虑清洁能源开发运行成本、电力系统消纳成本、各地区实际消纳条件，以促进新能源产业发展及保障电力系统安全经济高效运行为目的，科学合理制定各省级电网区域新能源利用率目标，并根据系统重大边界条件变化动态调整。同时需要完善新能源消纳利用指标统计考核体系。对于节假日、自然灾害等特殊时期，新能源限发电量可不纳入统计考核。未来电力市场成熟后，新能源主动参与系统调节降低出力的，视为"合理弃风弃光"，可不纳入统计。

"十四五"储能高质量规模化发展政策探讨

储能是实现能源绿色低碳转型的重要装备基础和关键支撑技术。为落实"碳达峰、碳中和"目标要求，推动"十四五"我国储能高质量规模化发展，本文系统梳理了当前我国储能发展面临的困难，并提出了针对性的政策措施建议。

一、为实现"碳达峰、碳中和"目标，迫切需要发展储能

（一）储能是我国低碳能源结构中安全保障的重要支撑

为贯彻落实习近平总书记提出的 2030 年非化石能源消费占比达到 25% 左右目标要求，必须加快调整优化能源结构，推动低碳能源替代高碳能源，大力发展以风电、光伏为主的新能源。据测算，未来 10 年间我国年均新增新能源装机较"十三五"翻番，达到 1 亿千瓦以上，逐渐成为电力装机主体。但是，由于新能源具有间歇性、波动性特征，我国能源电力安全保障形势面临前所未有的挑战。储能能够从根本上突破传统电力供需在时间与空间上的限制，具有精准控制、快速响应的特点，是应对这一挑战、有力支撑高比例新能源电力系统构建关键的措施。储能技术中，抽水蓄能相对成熟，但受站址资源限制新增规模有限。为此，加快电化学储能、压缩空气储能等新型储能发展势在必行。

（二）储能是催生国内能源新业态、抢占国际战略新高地的关键技术

新型储能是新一代的颠覆性能源技术，通过与数字化、智能化技术深度融合，将成为电、热、冷、气、氢等多个能源子系统耦合转换的枢纽，促进能源生产消费开放共享和灵活交易、实现多能协同，有力支撑能源互联网构建、促进能源新业态发展。同时，通过发挥我国超大规模市场优势和最完整工业体系优势，加快提升新型储能产业技术能力和产业链现代化水平，有利于打造我国国际能源技术竞争新优势，带动从材料制备到系统集成全产业链发展，成为能源行业加快构建"双循环"新发展格局的战略性优势领域。

（三）"十四五"是实现储能高质量发展的战略窗口期

据初步测算，为满足 2025 年我国非化石能源消费占比达到 20% 目标，新型储能装机需求最大可能达到 1 亿千瓦以上，即使考虑新能源发展布局充分优化、火电灵活性改造等措施到位、新能源利用率考核适当放开的情况，新型储能装机需求仍不低于 3000 万千瓦。为确保"碳达峰、碳中和"工作顺利开局，应牢牢抓住"十四五"储能行业高质量大规模发展关键起步期，加快构建有利于储能发展的政策体系和市场环境，加速新型储能技术迭代、实现新型储能规模化应用，为新型储能的全面商业化应用奠定坚实基础。

二、"十四五"新型储能高质量规模化发展面临瓶颈制约

"十三五"以来，我国新型储能发展在政策框架构建、试点示范建设、技术装备研发、标准体系建立、商业模式探索等方面取得实质性进展，新型储能市场应用规模迅速扩大，基本实现了储能由研发示范向商业化初期过渡，储能对能源转型的关键作用初步显现。然而，我国新型储能高质量规模化发展仍然面临一系列因素的掣肘：

（一）新型储能发展缺乏国家层面宏观规划引导

当前，对于储能发展需求、布局和配置原则等尚未进行系统研究，缺乏统筹协调和顶层设计；储能项目开发主要着眼于解决局部性问题或受短期经济利益驱使，未与当地电力系统实际需求和行业发展全局统筹衔接，难以发挥储能在能源电力的生产、输送、消费侧的多重效益。部分地区在缺乏对于储能项目建设的规范引导和技术要求的情况下，盲目推动大规模新型储能项目上马，导致低水平重复建设。

（二）新型储能备案和并网管理流程不明确不规范

储能是新兴产物，项目建设涉及地方能源、发改、消防、土地、环保、交通等多个部门，存在管理职责划分不明确、部分职责管理真空、跨部门协调困难等问题。由于储能具有"电源＋负荷"双重身份属性，导致储能在履行备案手续时身份认定存在困难，缺乏可参照的固定资产投资项目备案程序；同时，储能设施在并网流程和手续方面存在不规范不透明的问题，缺乏统一的并网管理规范。

（三）新型储能发展缺乏长期性稳定性的激励

当前储能商业模式较为单一，项目对政策敏感性高、抗风险能力差，且部分市场存在准入问题。对于依靠峰谷价差盈利的储能项目，受国家持续推动降低一般工商业电价影响，维持形成较大的峰谷价差存在困难，发展受到一定限制。对于依靠辅助服务补偿盈利的储能项目，由于目前辅助服务交易主要是在电源侧进行分摊、市场总体规模有限，且补偿标准下调不确定性大，增加了项目投资运营风险。对于以减少新能源弃电量盈利的储能项目，近年来新能源消纳形势持续向好，配置储能效益不明显。综合来看，储能发展缺乏稳定的政策和市场环境，尚难出现可大规模复制的商业模式。

（四）现有标准体系难以满足储能技术的快速发展

新型储能技术路线多、应用场景广，由示范应用阶段向规模化商业应用阶段转变的过程中，标准制修订需求急剧增加，现有标准化水平和能力成为制约行业发展短板之一。储能电站安全防护及并网测试类标准尚不完善，储能安全性能及质量管控存在风险。此外，现行能源电力系统各领域标准尚未针对储能的应用进行适应性修订。

（五）储能建设和调度运行不协调的问题较为突出

当前对新型储能规划设计和调度运行机理的研究不足，存在"重建设轻调用"现象，建设与调度运行脱节，导致部分储能设施"不调用""调不好"，运行效果大打折扣。尤其是部分地区将配套储能作为新建新能源项目前置条件，但对储能的运行效果和功能实现未提出具体要求，导致部分项目开发企业采用廉价低端产品，造成"劣币驱逐良币"。

三、"十四五"推动新型储能高质量规模化发展政策建议

（一）开展新型储能发展专项规划研究

要以推动"碳达峰、碳中和"为目标，综合考虑储能技术进步、能源电力绿色低碳发展需求，组织开展新型储能专项规划的研究工作，做好与相关"十四五"规划的衔接，明确发展目标、重点任务、优化布局及实施路径等，加强对新型储能行业的引导，更好发挥储能的系统性作用。

（二）研究建立新型储能容量补偿机制

对于发电侧新型储能，动态评估其技术水平和调峰、调频、顶峰、备用等能力，根据其系统价值对于符合条件的项目给予优先发电计划小时数奖励，或参照抽水蓄能两部制电价政策，研究制定储能电站容量电价政策。研究开展新型储能调度运行专项监管工作。

（三）允许储能参与各类电力市场获取多重价值

公平无歧视开放储能接入电网，尽快明确储能市场主体身份，加快推动各类电力市场向储能开放市场准入。鼓励储能参与辅助服务市场和电力现货市场，建立完善"按效果付费"电力辅助服务市场机制，合理放开现货市场限价。

（四）对于符合条件的电网侧储能允许合理疏导成本

对于在保障电网安全稳定、延缓或替代输变电升级改造投资、应急供电保障等方面效益显著的电网侧储能，经国家主管部门组织开展评估，允许其相应投资在新一轮输配电价监审周期内通过输配电价准许收入疏导、或纳入电网购电成本向终端用户疏导。

（五）明确和优化储能备案并网管理流程和规范

推动地方整合和统一相关部门储能行业管理职能、理顺和划清不同机构职责边界，指导协调地方能源主管部门牵头，明确和优化储能备案办理流程、出台管理细则。督促电网企业按照"简化并网手续、提高服务效率"的原则明确并网流程，其中对用户侧储能提供"一站式"服务。

（六）进一步完善储能标准体系及加快重点标准制修订

按照储能规模化规范化发展的需求，充分发挥储能标准化平台作用，统筹研究、完善储能标准体系建设的顶层设计，有针对性地开展不同应用场景下储能标准制修订，加快储能电站安全防护、并网测试类等重点亟须标准的制修订工作，发挥标准体系建设对储能行业发展的规范带动作用。加强现行能源电力系统相关标准与储能发展的统筹衔接。

（七）加大对新型储能发展的财税信贷优惠政策支持力度

针对新型储能项目，参照光伏项目给予企业所得税优惠政策。推动通过银行贷款、融资租赁、债券发行等方式拓宽融资渠道，撬动更多资金参与储能建设运营。鼓励金融机构将储能纳入绿色金融体系，加大对储能项目信贷投放，对信用良好的投资企业，在国家规定的基准利率基础上适度下浮，适当延长贷款期限并给予还贷灵活性。

"十四五"全国尖峰负荷控制规模研究

近年来，全国用电负荷快速增长，峰谷差加大，尖峰负荷持续时间维持在较低水平。与此同时，局部地区电力供需偏紧问题逐步显现，单纯通过增加电网、电源建设保障负荷需求投资成本高、系统整体效率低。为深入贯彻能源生产消费革命，推进电力工业高质量发展，需要源网荷协调发展，更加重视通过调动需求侧响应资源，抑制尖峰负荷，减少顶峰电源建设需求，提升系统整体效率及经济性。

一、"十四五"我国尖峰负荷发展趋势研判

（一）我国尖峰负荷问题较为突出

"十三五"以来，随着社会经济的持续发展及产业结构不断优化调整，第三产业及居民用电占比逐步增加，各地区电力最大负荷屡创新高，负荷峰谷差进一步拉大。2019 年全国最大负荷已超过 12 亿千瓦，较 2015 年增幅接近 30%。同时，尖峰负荷规模大、持续时间短、出现频次少。其中，全国最大负荷 97% 以上的尖峰负荷规模总计超过 2000 万千瓦，大部分地区持续时间一般在 30 小时以内、分布天数在 4 天 ~5 天左右。最大负荷 95% 以上的尖峰负荷规模总计超过 6000 万千瓦，大部分地区持续时间一般在 100 小时以内、分布天数在 10 天左右。从区域上看，东北、西北及华北蒙西等地区尖峰负荷持续时间与出现天数显著高于其他地区。

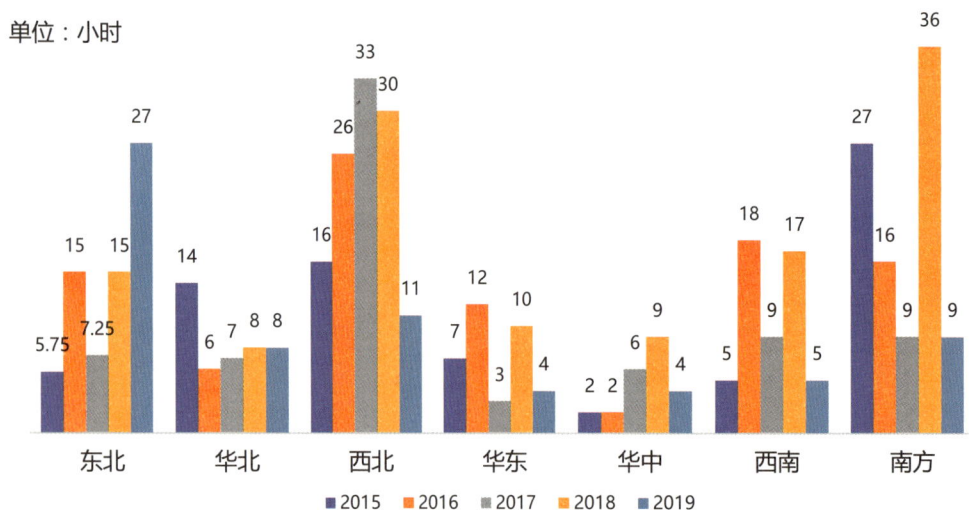

图 1 "十三五"以来各区域典型尖峰负荷持续时间（ ≥ 97% 最大负荷）

单位：小时

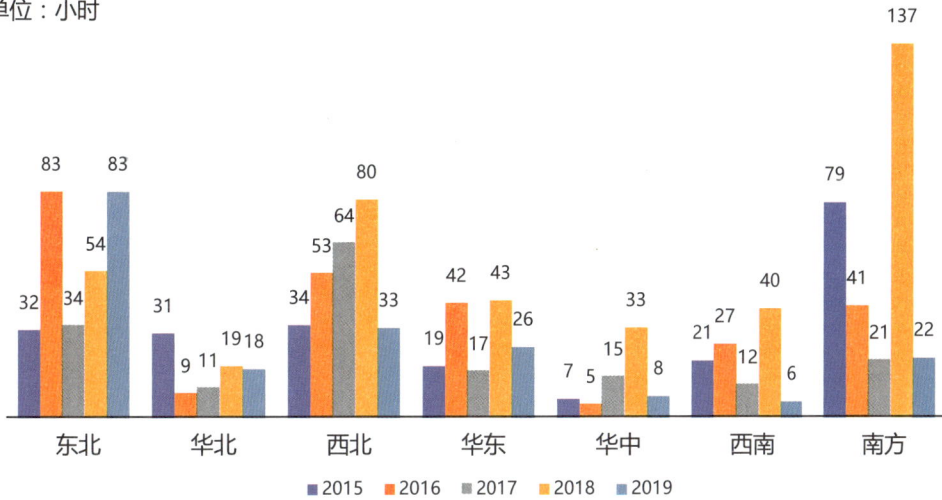

图 2 "十三五"以来各区域典型尖峰负荷持续时间（ ≥ 95% 最大负荷）

（二）降温 / 采暖负荷是形成尖峰负荷的主要成因

从各产业典型负荷特性来看，第三产业与居民生活用电负荷在日内具有较大波动性，第二产业用电负荷较为平稳。根据全国各地负荷特性分析，降温 / 采暖负荷是近年来最大负荷持续快速攀升的重要原因，对最高负荷增长的贡献率接近 50%，部分地区降温 / 采暖负荷占最大负荷比重已超过 1/3。极端天气下，降温 / 采暖持续时间的差异决定了全年尖峰负荷持续时间。如图 1、图 2 所示，2018年全国大部地区遭遇极端高温天气，各地区尖峰负荷持续时间较其他年份显著提高。

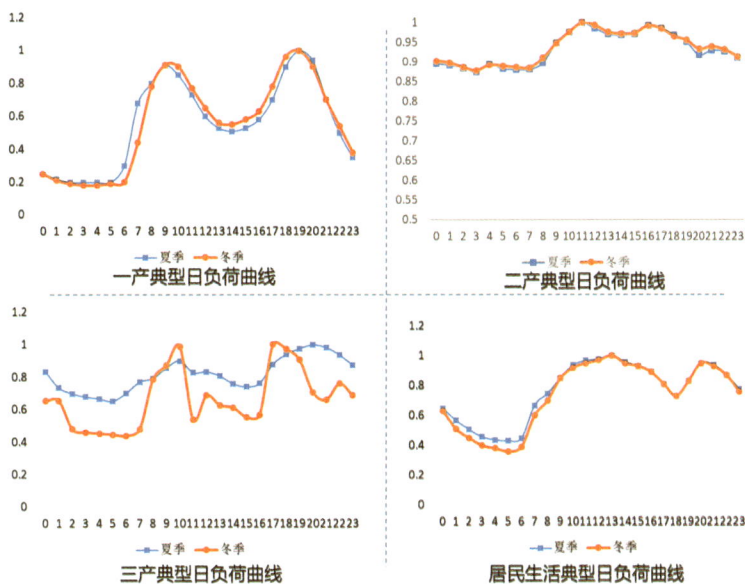

图 3 各产业典型日负荷曲线示意图

（三）若不加控制"十四五"全国尖峰负荷规模将超过 8000 万千瓦

"十四五"期间我国电力需求还将维持刚性增长，预计全国最大负荷将达到 16.5 亿千瓦左右，增幅接近 30%。随着各地区产业结构的优化升级和居民生活水平的不断提高，三产、居民用电比重约为 19%、15%，分别比 2015 年提升 6 个百分点和 2 个百分点。据此判断，"十四五"若对尖峰负荷不加控制，尖峰负荷规模（95% 以上）总计将超过 8000 万千瓦。同时，各地负荷特性、产业结构、气候特点的不同，也决定了尖峰负荷特性存在较大地区性差异。经分析判断，中东部及南方地区尖峰负荷规模较大，持续时间较短。对于工业占比较大，区域纬度较高地区，如宁夏、内蒙古、新疆等，尖峰负荷规模较小，持续时间较长。

二、国内外电力需求侧响应发展现状

（一）美国需求侧响应开展情况

美国需求响应起步较早，相关政策比较完备，实行需求侧调频、调峰和备用。2018 年美国各 ISO 参与需求响应容量占尖峰负荷比重为 1.4%~6%，实际需求响应容量占尖峰负荷比重约 2.8%。需求响应容量中，大型工商业用户实际响应容量占比超过 65%。

表 1   2018 年美国各 ISO 需求响应项目参与容量（单位：兆瓦）

RTO/ISO	参与需求响应容量	占全社会最大负荷比例
加州 ISO(CAISO)	1700	3.5%
德克萨斯电力可靠性委员会 (ERCOT)	2329	3.0%
新英格兰 ISO (ISO-NE)	363	1.4%
美国中部 ISO(MISO)	7372	5.0%
纽约 ISO(NYISO)	1217	3.0%
宾西马 (PJM)	10449	6.0%

（二）我国需求侧响应开展情况

我国 2003 年以前主要通过限电、拉闸等有序用电手段实现供电紧张时的需求侧管理，后续随着需求侧管理体制机制的逐步完善，逐步由错峰、避峰等单一行政管理手段转向需求响应广泛参与的行政与市场化结合方式。

2017 年，江苏省发布《江苏省电力需求响应实施细则》，并配套实施尖峰电价政策，构建了自闭环的需求响应激励机制。江苏省每年 7 月、8 月的日最高气温超过 35℃时，对大工业用户在用电尖峰时段每千瓦时增收 0.1 元的尖峰电价，其收入全部用于奖励通过参与电力需求响应活动临时性减少的高峰电力负荷的电力客户。2019 年江苏省单次需求响应规模达到 402 万千瓦，占全社会最大负荷的 3.6% 左右，创造全球单次最大规模削峰需求响应世界纪录。其中，超过 90% 为工业响应负荷，居民响应负荷占比仅为 6% 左右。

三、"十四五"尖峰负荷控制相关建议

（一）"十四五"尖峰负荷控制不能一蹴而就

通过需求侧响应可以充分调动消费侧响应资源，有效抑制尖峰负荷。但国内外经验表明，参与需求侧响应的市场主体为大工业负荷，居民和商业负荷参与度较低，尖峰负荷控制规模一般在 5% 以内。

一是，尖峰负荷问题主要由第三产业及居民降温/采暖负荷引起，但居民和三产对电价敏感性较差，对价格型的响应措施接受程度及参与积极性有限，参与的用户数量和规模较小。目前，国内外尖峰负荷控制都是采用"头痛医脚"的方式，以大工业用户作为削减尖峰负荷的主要抓手。但工业用户响应潜力有限，一般以非生产性负荷和辅助生产负荷为主，响应潜力占总用电负荷的 10%~15% 左右，并不足以匹配未来尖峰负荷发展规模。

二是，我国现有需求侧响应仍是半市场化模式，江苏省模式下控制尖峰负荷的最重要环节尖峰电价是固定时间段的固定价格，不能实时反映实际市场真实价值，这也导致了居民和三产用户参与不足，激励资金实际只是在大工业用户间流动，需求响应规模持续提升的能力不足。考虑到我国电力市场化建设进度及各地市场发展程度及电网监测、控制技术条件，"十四五"期间全国尚难以建立并运行完全市场化的需求侧响应市场，尖峰负荷控制目标需要体现渐进实施和因地制宜。

（二）"十四五"各地区尖峰负荷削减规模宜在 5% 以内

"十四五"各地区尖峰负荷削减规模应与需求侧响应潜力相匹配，同时要考虑充分保障生产活动和电力运行安全可靠，统筹经济性和负荷特性综合确定削减目标。根据研究，各地区合理尖峰负荷控制比例宜在 5% 以内，"十四五"全国预计削减尖峰负荷 5000 万千瓦左右。未来随着用户接受程度、设备自动化程度的提高，需求侧竞价及辅助服务市场的完善，尖峰负荷控制规模还具有进一步提升潜力。

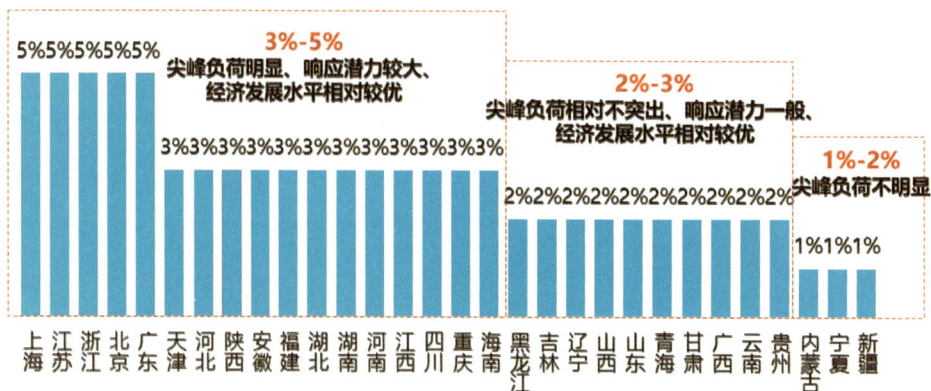

图 5 "十四五"期间各地区合理尖峰负荷控制比例

（三）应通过体制机制与技术创新双轮驱动需求侧响应水平持续提升

进一步完善需求侧响应体制机制。"十四五"期间应结合部分需求侧响应试点运行成效及经验，进一步完善需求侧响应体制机制，探索建立多元化补偿资金渠道。结合电力市场改革推进情况，探索建立长效的需求响应激励机制，探索市场化实时电价下的需求响应工作，拓展研究电力用户与电力市场运营商之间的友好互动模式。

加快需求响应技术创新推动力度，深入挖掘需求侧响应潜力。"十四五"期间应加强需求响应能力建设，通过需求响应技术创新及推广应用，鼓励用户发展电力智能管理系统以实现更小容量电力用户如家庭参与市场，切实提升需求侧响应智能化水平，充分挖掘各行业的需求响应潜力。

直流输电技术创新推动西电东送高质量发展，助力"双碳"目标实现

——乌东德送电广东广西特高压多端柔性直流示范工程投产后的几点思考

2020 年 12 月 27 日，我国西电东送重点工程——乌东德水电站送电广东、广西特高压多端柔性直流示范工程（简称乌东德直流工程）正式建成投产，为我国"十三五"西电东送通道建设画上完满句号。乌东德直流工程是世界第一个 ±800 千伏特高压柔性直流工程，也是目前世界上电压等级最高、输送容量最大的多端混合直流工程。乌东德直流工程投产创造了 19 项世界第一，实现了特高压多端柔性输电技术的创新突破。工程开创的新型输电模式，大大提升了远距离输电的安全性、灵活性和经济性，对推动我国后续西电东送高质量发展，助力"碳中和"目标的实现具有重要意义。

一、"碳中和"背景下我国西电东送发展趋势

2020 年 9 月 22 日，在第七十五届联合国大会一般性辩论上，我国首次提出了 2030 年"碳达峰"、2060 年实现"碳中和"的宏伟目标，并在 12 月 12 日举办的气候雄心峰会上提出了"到 2030 年，中国单位国内生产总值二氧化碳排放将比 2005 年下降 65% 以上，非化石能源占一次能源消费比重将达到 25% 左右，风电、太阳能发电总装机容量将达到 12 亿千瓦以上"的具体发展目标。这一系列目标的提出，标志着我国能源清洁低碳转型发展步入了快车道。

"碳达峰、碳中和"目标的实现，电力行业的低碳转型发展是关键。据统计，2019 年我国电力行业碳排放总量约 43 亿吨，占全社会排放总量的 44%，为各行业之首。为了加快电力行业转型发展的步伐，在消费侧要加大节能降耗力度、加强节能管理、抑制不合理消费，在供给侧要进一步加快非化石电源的开发，在确保安全的前提下加快发展核电、深挖水电资源开发潜力、推动新能源跨越式发展。其中，我国核电主要布局在东部沿海地区，力争每年开工 6 台 ~8 台机组；待开发的大型水电，如金沙江上游、澜沧江上游、雅砻江中游、黄河上游、雅鲁藏布江中下游水电，以及基地化集中式开发的新能源大部分布局在西部地区。

"十三五"以来，经济基础较好的京津冀鲁、华东、南方区域，在新常态下经济恢复较快，用电增长超过规划预期 1 个 ~2 个百分点。在"双循环"新发展格局下，全国产业人口资源向中东部持续聚集，预计"十四五"用电增速与全国平均增速持平，用电比重维持在 2/3 以上。在"双碳"目标要

求下，中长期中东部地区具有较大电力市场空间，我国西电东送需求将进一步扩大。

二、新形势下西电东送发展面临挑战

（一）需要适应大规模高比例的新能源汇集送出

2020 年，我国西电东送规模达到 2.7 亿千瓦，国家电网区域跨省区输电能力达 2.3 亿千瓦，输送清洁能源电量比例达 43%，南方电网区域西电东送能力超过 5800 万千瓦，输送清洁能源比例超过 80%。在未来新能源大发展背景下，西电东送中可再生能源特别是新能源占比将进一步增加，新增外送输电通道可再生能源电量比例不低于 50%。风电、光伏等新能源存在间歇性、波动性特点，需与水电、火电等调节性强的电源一体化送出，送端电源的组织更加强调的新能源与传统能源的协调配合。由于新能源具有分布范围广、能源密度低的特点，与常规电源相比电网汇集难度大、成本高，高海拔地区汇集问题更加突出。新能源资源富集区多位于电网末端，本地消纳能力有限，电网结构薄弱也制约了新能源的外送规模。

（二）面临更为严格的外部环境资源条件约束

我国西部大规模电源资源仍将以送电中东部地区消纳为主，输电距离一般在 2000 公里至 2500 公里，送电距离远、跨越省（区、市）多。输电通道受地形地貌、交通条件等因素制约易局部形成密集走廊，严重事故风险大。从送端地区看，甘肃、新疆等外送通道途经河西走廊，在沿国道的狭长地带集中了多回特高压直流和交流线路；西藏送出通道需穿越深山密林、跨越断裂带，地势落差大、地质构造复杂，走廊开辟十分困难。从途经地区看，大江大河、自然保护区等局部跨越点资源有限也是制约输电走廊开辟的重要因素，随着走廊用地日趋紧张，输电通道沿途省区的协调难度也逐步加大。从受端地区看，送电京津冀鲁、长三角、珠三角等地的输电通道需要深入负荷中心，土地征用成本高、生态环境要求严，新建输电工程选址选线难度逐步加大。

（三）需要应对更为复杂的系统安全稳定问题

从送端电网来看，大规模新能源参加外送后，由于新能源低转动惯量、缺少动态无功支撑能力等特点，易导致送端电网出现电压和频率失稳、次同步振荡等安全问题；新能源频率电压波动耐受能力相对较弱，暂态冲击可能引起连锁脱网，换相失败冲击叠加新能源发电固有特性，暂态过程中易发生过频过压脱网，限制交直流系统运行方式。从受端电网来看，受端负荷中心直流输电通道落点日趋密集，短路电流超标问题愈发突出；受端电网"N-1"故障易导致馈入直流发生连续换相失败甚至闭锁风险加大，故障过程中电压频率大幅度波动和潮流大范围转移，对电网安全稳定运行的压力显著增加。

（四）电力市场交易对送电灵活性提出更高要求

随着电力市场化改革的推进，跨省跨区送电将更多参与电力市场化交易，区域电力现货市场将逐步建立，跨省区电力交易价格和交易电量将更多地由市场决定。当前，在西电东送电力市场交易中，市场主体较少、交易范围有限、市场竞争不够充分等问题仍然存在，价格信号对于供给侧和需求侧引导力度难以发挥。对西电东送通道而言，需要进一步提高送电的灵活性，增加跨省区交易的主体和范围，适应更加复杂的资源配置需求，充分发挥市场在资源优化配置中的调节作用。

三、特高压多端柔直输电技术突破的重要意义

（一）有利于促进西部综合能源基地一体化开发

特高压多端直流工程可灵活选择送端的汇集端数及单站规模，各端换流站间可通过站内连接或直流线路 T 接，接线方式灵活，各站端距离不受限制。

"风光水火储"一体化综合能源基地建设模式是未来西部地区可再生能源开发外送的重要方向。受制于资源条件限制，各类资源往往布局在不同区域，距离相对较远，采用传统单一大容量换流站汇集较为困难，汇集成本高；此外，青藏高原等高海拔地区地理条件恶劣，大容量换流站址选择和大件运输极为困难。采用多端直流方案，可灵活布局汇集站点和规模，利于西部地区综合能源基地不同类型的资源灵活汇集。

（二）有利于输电走廊资源的集约利用

乌东德直流工程首次将柔性直流换流站电压等级提升至 ±800 千伏、容量提升至 500 万千瓦，实现了柔性直流技术在远距离输电领域的应用。依托现有技术储备，多端直流任一端换流站规模可灵活选择 300 万千瓦、400 万千瓦、500 万千瓦等多个系列，通过合理选择端数及单点规模，可在满足送端汇集和送受端电网安全需要的同时，建设 800 万千瓦 ~1000 万千瓦的特高压大容量多端直流工程，最大程度节省走廊资源。以乌东德直流工程为例，建设一回大容量多端直流较建设两回小容量常规直

流可节省通道走廊占地超过 5.6 万亩。

（三）有利于提升系统安全稳定水平

柔性直流系统可实现有功、无功自由控制，适用于向无源网络或者弱电网供电，或者由弱电网向外送电；直流本身不会发生换相失败，且可为交流系统提供动态无功支撑，优化电网运行特性。

从送端看，西部可再生能源富集地区电网普遍较为薄弱，采用多端直流方案，可控制单点接入规模在合理范围，降低单点大容量接入对弱电网带来的安全风险；采用柔直技术，可减少具有间歇性、波动性出力特性的新能源接入对电网冲击，保障新能源平稳并网。从受端看，目前我国中东部地区，尤其华东、广东等地区，电网日趋复杂，多直流集中馈入导致的安全风险突出，受端应用特高压柔性直流技术，可避免加剧风险，提升接纳区外来电的能力。

（四）有利于促进能源资源的市场化优化配置

依托乌东德直流工程的技术积累，后续工程可根据需求选择多送端、多受端的特高压多端直流方案，汇集沿途多个送端市场的资源，并结合消纳能力和消纳意愿送至多个市场消纳。一方面，可充分发挥多个受端电网在消纳能力、调峰能力、系统安全稳定风险协同控制方面的优势；通过构建连接多送端、多受端市场的送电通道，也可为可再生能源参与跨省区多市场灵活交易提供物理条件，在更大范围内保障大规模可再生能源的充分消纳。

四、结语

为实现"双碳"目标，我国能源电力将加速清洁化转型发展，加快西部地区水电和集中式新能源开发，进一步扩大西电东送规模，逐步增加可再生能源送电比例。在此背景下，大规模新能源汇集和消纳问题逐步显现，走廊站址等外部环境资源条件约束更为严格，常规直流技术在新能源汇集和系统安全运行方面的局限更加突出，单一送受端的送电模式也难以满足资源灵活配置要求。特高压多端柔直输电技术能够提高大规模新能源可靠并网和电网安全运行水平，提升输电走廊资源利用效率，更好满足市场灵活配置资源的需求。因此，有必要及时总结并推广乌东德特高压多端柔性直流示范工程设计、建设和运行经验，推动后续特高压多端柔性直流工程建设，促进我国西电东送高质量发展、助力"双碳"目标实现。

金沙江流域多能互补发展暨风光水多能互补应用探讨

当前，我国经济发展进入新常态，能源行业发展态势发生深刻转变，为实现双碳目标，需不断提升非化石能源消费在终端能源消费的占比。国家发展改革委、国家能源局发布《关于推进电力源网荷储一体化和多能互补发展的指导意见》，强调统筹协调各类电源开发、提高清洁能源利用效率、适度配置储能设施、充分发挥负荷侧调节能力。

金沙江流域风光水资源丰富，依托大中型水电站的调节能力和送出通道，具备"风光水一体化"开发应用的基础和优势。本文将结合金沙江流域的研究成果，对多能互补发展暨风光水多能互补应用研究的一系列关键问题加以探讨。

一、金沙江流域风光水发展概况

1. 金沙江水能资源丰沛

金沙江流域水能资源丰富，居十三大水电基地之首，主要流经青、川、滇、藏四省。干流上游河段从青海玉树的巴塘河口至云南迪庆的奔子栏，全长772公里，规划"一库13级"总装机1450万千瓦，包括青川段3级、川藏段8级、川滇段2级。其中，川藏段岗托等7级电站（岩比暂不开发）规划"十四五"期间通过建设金上直流800万千瓦送电华中湖北消纳。干流下游河段自攀枝花到岷江河口，河段782公里，乌东德、白鹤滩、溪洛渡、向家坝4大梯级水电装机4646万千瓦，电站调节能力强，已建成向上、溪浙、溪广直流合计2000万千瓦，已建成乌东德直流800万千瓦，规划建设白鹤滩送电江苏、浙江合计1600万千瓦。

2. 流域风光可开发资源丰富

金沙江流域水能资源与风光资源存在空间上的集中度，风光水多能互补开发的基础条件较为优越，近中期开发水电集中在川滇藏三省，川滇风光资源、西藏光伏资源均较为丰富。其中，四川风光资源主要集中在川西南的凉山州、攀枝花一带山地及川西高原地区；云南风资源主要集中在楚雄、大理、曲靖等地，光资源主要集中在滇北河谷地区以及滇西、滇中地区；西藏是进行太阳能发电最为理想的地区之一，很丰富及以上的区域面积占全区面积的 88%，金上西藏昌都地区光伏开发条件优越。

3. 金沙江流域风光水消纳存在较大压力

随着新能源装机比重的提高，新能源发展瓶颈逐步由开发侧转向系统消纳能力制约。受资源、网架及市场等制约，金沙江流域风光水消纳主要面临三方面问题。一是风光资源丰富地区主网架相对薄弱，风光分布面积广且距离主网较远，通道建设困难，远距离接网存在输电通道受阻及近区电网频率电压失稳等问题。二是川滇两省均呈现以水为主、丰枯结构矛盾突出的电力供需特点，丰期弃水、枯期缺电的问题将在一段时期内长期存在。三是随着送端负荷发展，长期稳定送电的可持续性面临较大压力，特别是枯期电力保供压力加剧，而水电枯期电量留存导致跨区域外送直流通道的利用率降低，送电电量不足。以白鹤滩为例，考虑枯期电量一定比例留存川滇两省，不考虑丰期网内汇集，平水年直流通道利用小时约 3000 小时。

二、多能互补助力新能源消纳提档升级

"多能互补"利用大型综合能源基地风、光、水、火等资源组合优势，开展多元化、一体化的综合开发利用。《关于推进电力源网荷储一体化和多能互补发展的指导意见》强调利用存量常规电源，合理配置储能，优先发展新能源，积极实施存量"风光水（储）一体化"提升，稳妥推进增量"风光水（储）一体化"。

1. 多能互补发展具备多重互补优势

风光水（储）多能互补利用大型综合能源基地常规电源与新能源形成的资源组合优势，相比新能源分散接入、全网调峰的方式而言，大型综合能源基地多能互补具备多重互补优势。

多能互补助力品质升级。依靠常规电源以及储能的支撑调节能力，实现风光水储等联合发电运行方式自动组态、智能优化和平滑切换，有力平抑新能源波动，为大规模新能源并网及调度提供技术支撑，打造输出稳定、灵活可控的"智慧电源"。

送受互补提升外送效率。与单独外送水电相比，新能源电量的增加将有效提高直流通道利用率，特别是枯期电量支撑，同时充分发挥水电调节能力，兼顾送端留存电力电量需求与受端的保供需要，实现送受端的电力电量互补。

网源互补简化调度运行。以多能互补基地可调节电源（水电与储能）为核心，打捆近区范围内的随机电源（风电与光伏），实现一体化调度运行，实现基地整体稳定电力送出，降低调度运行的复杂程度。

存增互补调动市场活力。多种类型电源业主通过建立合理的利益分配机制，可以利用新能源成本优势，提高目前开发成本相对较高的水电、气电、储能等调节电源的经济性，另外可以鼓励电源企业进一步深度参与调峰，释放调节空间，减轻送受端调峰压力。

2. 金沙江流域开展多能互补暨水风光多能互补应用的优势

水风光资源条件较优。初步预计金沙江上游光伏可开发规模约 3500 万千瓦，下游风光可开发规模约 1500 万千瓦，流域内风电、光伏具备大规模开发和接入电网条件，具备建设国家级大型清洁能源综合基地的良好基础。

多能互补特性较好。从流域内水能、风能、太阳能的长期观测数据和发电项目多年实际发电量，在年内资源量和日内出力过程上水能和风能、太阳能具有一定的互补性，通过风光水多能互补能够发挥多品类电源的综合效益。

电力市场空间充足。在"长江经济带""长三角一体化""粤港澳大湾区"等国家战略的持续引领下，中东部负荷中心电力需求预计仍将保持较快增长态势，"十四五"及中长期均存在较大的电力缺口，且受端省份电力盈亏控制月均夏季为主，需求特性上较为匹配。

综合效益较优。水风光互补一体化开发解决了新能源大规模集中开发的消纳难题。利用金沙江流域水能开发的资源优势，在"就近接入、就地消纳"新能源的基础上创新可再生能源综合开发模式，同时在满足国民经济性的基础上形成整体价格优势，具有良好的综合效益。

三、依托水风光多能互补技术机理优化综合能源基地规模

在水风光多能互补项目研究的过程中，在优先考虑送端需求、优先保障系统安全的前提下，以受端市场空间、受端消纳能力和送端资源特性为导向，优化综合能源基地外送规模。

1. 水风光多能互补需在资源侧具备良好的互补特性

从年内来看，以下游为例，6 月～10 月为丰期，12 月～次年 4 月为枯期；风电 11 月～12 月、1 月～2 月出力较高，出力系数超过 0.5,6 月～9 月出力系数仅 0.1～0.2；光伏全年平均出力相对平稳，2 月～4 月较高，水与风光出力特性呈现较好的年内互补性。

从日内来看，金上游岗托等 7 级电站、下游乌东德、白鹤滩以及溪洛渡等水电站均具有一定调节库容能力，可进行日内或以上调节。在风光大发时段通过加大水库蓄水降低水电出力，用风光电量"置换"水电电量，在风光少发时段，通过释放水库水量抬高水电工作位置，"此消彼涨"从而实现水风光日内互补。

2. 多能互补体现了系统优化的技术机理

水风光配比是系统性优化问题，需要从送端、直流、受端三个方面，电源和电网两个维度，结合多重指标进行技术经济分析，优化容量配比和送电曲线。

总体优化目标，是在满足可再生能源合理利用水平基础上，投资满足一定合理收益率下，国民经济性达到最优。主要考虑系统平衡和电站运行两类约束条件，包含电力电量调峰平衡、线路输送功率约束，发电出力及电量约束、水库流量等。优化流程中，送电曲线和电源配比是两个重要的优化子项，需结合送受端及直流通道边界条件，在送端保证清洁能源消纳、受端满足供需与调峰要求、通道保持较高利用水平等目标下，进行反复迭代优化。

四、风光水多能互补实现多能互补的三个关键环节

多能互补发展作为保障能源安全、提升能源清洁利用水平和电力系统运行效率的关键路径，需要重点把握电源配比、送受端市场空间与负荷特性、外送曲线以及项目经济性效益，保障多能互补项目能够真正"落得下，调得稳，送得出"。

1. 外送通道送电曲线优化

对于外送消纳的电源基地，通道是实现送受端统筹协调的桥梁和资源配置的关键环节，合理拟定送电曲线对于实现高质量多能互补至关重要。首先，框定通道合理利用小时数；其次，分情景拟定年曲线，兼顾送端电量月际分布特点与受端需求特性，保障枯期不弃、丰期少弃；再次，拟定典型日曲线，合理安排送电功率及时长，发挥受端替代效益且不造成新能源消纳压力转移。以金上为例，在考虑枯期一定比例留存满足送端供需基础上，通道利用小时在 5500 左右，丰、枯期外送电量比 7∶3 ~ 6∶4，日峰谷比丰期 1∶0.9 ~ 1∶1、枯期 1∶0.2 ~ 1∶0.3。

未来，在送受端开展中长期电力交易基础上，随着电网技术进步以及电力市场发展，研究开展电源出力超短期预测滚动修正送电曲线。

2. 多能互补基地电源配比及消纳分析

以水电作为支撑和调节电源的外送基地，具备 100% 可再生能源电量比例，需以最大化利用清洁能源为目标，统筹水电与风光电源的利用，兼顾送端电源利用效益以及受端对非水可再生能源电力的消纳责任权重，控制水风光的综合利用率在合理水平。水电作为限能电站，受天然来水情况及库容影响，丰期发电强调节差、枯期发电差调节强，与光伏、风电多能互补优化后，调峰弃电主要发生在丰期风光大发时段。

经初步测算，依托金沙江干流梯级大水电外送消纳，可就近开发的新能源规模预计超过 5000 万千瓦。其中，金上配套 400 万千瓦～800 万千瓦光伏，白鹤滩配套 1000 万千瓦～1500 万千瓦光伏，电源综合利用率可达 95%。在具体项目遴选过程中，应充分考虑水电近区资源条件，有效衔接电源及电网建设进度，集中开发、就近互补、统一汇集，充分发挥规模化开发优势。

3. 经济性测算及投资效益分析

电源基地外送消纳需满足国民经济性和财务可行性的双重需求。水电受流域分布影响难以改变布局，随着水电开发难度增加、成本提升，将本地难以有效消纳的清洁水电送至综合购电成本更高且相对资源有限的中东部地区，符合国家整体资源合理配置。同时，西部、西南部地区新能源开发成本较低，LCOE（平准化电价）低于新建水电平均度电成本的，水风光多能互补对于提升电源开发整体经济性是一种良性增益。

金上外送水电平均成本 0.405 元/千瓦时，近区光伏约 0.26 元/千瓦时，输电成本约 0.1 元/千瓦时，与华中地区 0.38 元/千瓦时～0.45 元/千瓦时的基准电价相比，多能互补有利于提高电价竞争力，避免仅水电形成的电价倒挂。未来，随着环保要求不断提高，全比例清洁电、高比例新能源外送的跨省区输电通道预计将在电力市场配置中发挥更大作用。

五、高质量推动金沙江多能互补发展的三点建议

加强多能互补多个关键环节统筹协调。研究建立协调机制，力求在规划、建设实施、运行调节和管理规范等方面，在汇集、调度和交易等关键环节实现一体化，增强抵御市场风险能力。

加强送端电力保障及外送可持续性研究。在全国电力格局范畴内，确保中长期近区电力自足前提下，统筹送端电力保障方案，协调水电留存与外送规模，超前谋划远期接续方案，确保外送可持续性。

加强电源配比的滚动优化及分步实施。考虑到水电建设周期较长，新能源及储能建设周期短、技术更新及成本下降快，需结合电源时序、负荷发展、技术进步、开发成本等条件变化情况，及时滚动优化。

"十四五"构建新型电力系统方向初探

构建以新能源为主体的新型电力系统，是中央财经委员会第九次会议提出的实现"碳达峰、碳中和"最主要举措之一，也是涉及源、网、荷各领域的紧迫而且复杂的系统性工程。在国家层面，需要深入研究论证，做好顶层设计，明确中长期战略方向、发展思路和实施路径。在"十四五"规划中，需要明确阶段性的目标和任务，并在实践中不断总结和完善。在此，对"十四五"期间构建新型电力系统需要关注的四方面问题进行初步探讨。

一、坚持清洁低碳、安全高效的基本发展定位

清洁低碳、安全高效是能源系统和电力系统的核心要求，也是未来以新能源为主体新型电力系统的基本发展定位。

（一）低碳是新型电力系统的核心目标

新型电力系统应是适应大规模高比例新能源发展的全面低碳化电力系统。"十三五"以来，我国新能源装机占比已从 11% 提升到 22% 以上，发电量占比已从 5% 提升到 10% 左右。"碳达峰、碳中和"目标下，我国新能源将进一步跨越式发展，继续以数倍于用电负荷增长的速度新增并网，初步测算"十四五"与"十五五"期间全国年均新增并网装机将在 1 亿千瓦以上。电力系统作为能源转型的中心环节，将承担着更加迫切和繁重的清洁低碳转型任务，仅依靠传统的电源侧和电网侧调节手段，已经难以满足新能源持续大规模并网消纳的需求。新型电力系统亟须激发负荷侧和新型储能技术等潜力，形成源网荷储协同消纳新能源的格局，适应大规模高比例新能源的开发利用需求。

（二）安全是新型电力系统的底线要求

新型电力系统应是充分保障能源安全和社会发展的高度安全性电力系统。当前我国多区域交直流混联的大电网结构日趋复杂，间歇性、波动性新能源发电接入电网规模快速扩大，新型电力电子设备应用比例大幅提升，极大地改变了传统电力系统的运行规律和特性，在特殊情况下容易出现电力安全供应问题。例如 2020 年冬季美国德克萨斯州遭遇寒潮风暴，以及我国湖南、江西等地区出现极端严

寒天气,短期内负荷快速增长,各类电源与大电网均无法提供有效支撑,出现了较大范围的电力供应保障问题。此外,随着电力系统物理和信息层面互联程度提升,人为外力破坏或通过信息攻击手段引发电网大面积停电事故等非传统电力安全风险也在增加。新型电力系统必须在理论分析、控制方法、调节手段等方面创新发展,应对日益加大的各类安全风险和挑战。

(三)高效是新型电力系统的重要特征

新型电力系统应是符合未来灵活开放式电力市场体系的高效率电力系统。目前我国电力系统在高效运行方面仍存在较大短板,单位 GDP 能耗是主要发达国家的 2 倍以上,电力设备利用率为主要发达国家的 80% 左右,源、网、荷脱节问题较为严重。未来电力系统应充分进行市场化转型,形成以中长期市场为主体、现货市场为补充,涵盖电能量、辅助服务、发电权、输电权和容量补偿等多交易品种的市场体系,充分调动系统灵活性,促进源网荷储互动,实现提升系统运行效率、全局优化配置资源的目标。在技术上,新型电力系统需要加快数字化升级改造和智能化技术应用,推动规划、设计、调度、运行各个环节全面转型和革新,提高整体运行效率,适应灵活开放式电力市场的构建需要。

二、统筹提升源网荷侧的灵活协调运行能力

为实现电力系统绿色、安全、经济发展,需要统筹源、网、荷侧资源,完善调度运行机制,多维度提升灵活调节能力、安全保障水平和综合运行效率,满足新能源开发利用、经济社会用电需求以及综合用能成本等目标。

(一)提升电源侧的灵活调节和协调运行能力

综合比较各类电源侧提升灵活性措施的成本效益,火电灵活性改造仍是目前最具经济性的方案。"十四五"期间,应继续大力推动火电灵活性提升,完善火电机组主动深度调峰的补偿机制,充分发挥存量煤电机组的灵活调节能力。对于燃煤自备电厂,应结合碳排放权交易与可再生能源电力消纳责任权重考核,扩大清洁能源替代发电权交易规模,引导其主动调峰消纳清洁能源,打造高比例绿色转型示范。对于抽水蓄能、调峰气电等灵活性电源和支撑性电源,应结合各地区电力系统需求、建设运行条件和电价承受能力,合理规划建设,同时加强应急备用电源建设,切实保障电力安全可靠供应。新型储能当前较为昂贵,应结合需求因地制宜建设,在充分考虑新能源发展需求与各类灵活调节措施后,初步测算"十四五"期间新增储能需求在 3000 万千瓦以上。其中,新能源项目通过配置储能、

提升功率预测水平、智慧化调度运行等措施，可以有效提升并网友好性、电力支撑能力以及抵御电力系统大扰动能力，成为系统友好型绿色电站，作为未来新型电力系统中可靠供电的主体电源。

（二）提升电网侧的清洁电力灵活优化配置能力

"十三五"后期，随着新能源逐步进入平价上网阶段、消纳利用水平持续提升，"三北"地区凭借优异的新能源储量和资源条件、相对较低的开发建设成本，重新成为新能源开发建设重点区域，占全国年度新增风电、光伏装机的比重已由 2017 年最低的 47% 和 44%，分别增长至 2020 年的 61% 和 64%。与之对应，现役跨省区特高压输电通道及部分点对网通道平均规划配套可再生能源电量占比仅在 30% 左右。"十四五"期间，随着陆上新能源集约化规模化开发持续加快，"三北"地区新能源开发占比预计将保持在 60%~70% 的较高比例。为此，需进一步提升跨省区通道的输电能力和新能源电力占比，在全国范围内灵活优化配置资源。对于存量输电通道，在加强送受端网架、保障安全运行的基础上，应积极提升配套新能源规模，初步测算可争取将平均可再生能源电量输送比例提升至 40% 左右。对于规划新建输电通道，可通过"风光水火储一体化"模式，实现可再生能源电量占比达到 50% 以上的主体地位，并探索"风光储一体化"等极高比例甚至纯新能源外送模式、柔性直流等灵活性输电技术的可行性。

（三）提升用户侧的灵活互动和安全保障能力

用户侧是挖掘负荷增长潜力、优化电力消费结构的直接对象，也是提升系统灵活调节能力的重点方向。"十三五"期间，全国电能替代用电量合计超过 8000 亿千瓦时，"十四五"需要进一步加快工业、建筑、交通等重点耗能和碳排放行业的电气化转型，预计电能替代潜力可达到万亿千瓦时。在新能源资源富集地区，可推动建设新能源就地绿色供电的示范工业园区，实现终端用能的绿色电能替代和低碳化发展。同时，可通过发展有源负荷和用户侧储能，健全需求侧响应与可中断负荷价格政策，引导大工业、工商业、居民等各类用户发挥灵活用电潜力。在具备条件的地区，可开展电动汽车灵活充电、大数据中心智能调度、5G 数据通信基站等虚拟电厂示范，合理配置新能源与储能设施，实现新能源电力的自主调峰和高效利用。此外，针对大规模分布式新能源的就地开发利用需求，应加快配电基础设施和新能源微电网建设。通过配电网建设改造和智能化升级，实施农村电网巩固提升工程，推动微电网与大电网灵活互济，可以有效提升分布式新能源的接入消纳能力以及终端用户的供电可靠性。

三、加快关键技术装备的集中攻关和示范应用

构建以新能源为主体的新型电力系统，亟须在系统运行机理、智能调度、新型储能等关键技术和装备上实现突破。"十四五"期间，可依托技术、商业模式和体制机制创新，先行开展一批探索建设新型电力系统的示范工程，待形成示范效应后逐步推广应用。

（一）"双高型"电力系统的运行机理和关键技术

随着间歇性、波动性新能源接入电网规模的快速扩大，新型电力电子设备应用比例的大幅提升，传统电力系统的运行规律和特性产生了极大改变。对于高比例新能源、高比例电力电子装置的新型电力系统，由于系统转动惯量减小、频率调节能力降低，以及新能源设备涉网性能标准相对偏低，新能源大规模并网后容易引发脱网和系统振荡等问题，对电力系统的安全稳定、经济运行带来了显著影响。为此，亟须依托大数据、云计算等数字化技术，全面实施升级改造，建设先进的电力系统模拟运行仿真技术平台，深入研究相关的运行机理和关键应对技术，增强电力系统的信息化水平和安全防护能力。同时，需要深入研究储能等新技术大规模应用后的新能源电力支撑潜力、负荷侧灵活调节潜力，创新源网荷储统一参与电力平衡的规划设计方法、协同运行理论，最大化提升系统的安全稳定运行水平和新能源消纳利用水平。

（二）"源网荷储一体化"的智慧灵活调度技术

智慧调度技术是充分发挥源网荷储各环节灵活调节潜力的关键。长期以来，我国电网调度采取"统一调度、分级管理"原则，计划性较强而灵活性不足。未来，随着风电、光伏、储能的大规模分散式接入，以及分布式发电、可调节负荷、电动汽车充电设施等负荷侧灵活性调节资源的快速增长，电力市场主体将从单一化向多元化转变，电力输送将从发输配用单向传输向源网荷储多向互动灵活传输转变。在未来灵活开放的电力市场体系下，亟须改变电力系统的传统调度运行方式，通过引入 5G 通信、大数据、人工智能等新技术，充分利用大规模分布式的可调节电源、储能、灵活性负荷等各类资源，建设智慧高效、多向互动的高度智能化调度运行体系，实现源网荷储一体化的智慧灵活调度，更好地发挥电网促进清洁能源资源优化配置的平台作用。

（三）低成本、大容量、高安全性的新型储能技术

储能是支撑构建新型电力系统的重要装备和关键技术，特别是新型电储能具有精准控制、快速响应、布局灵活的特点，可以突破传统电力供需在时间与空间上的限制，将不稳定的新能源出力转化为稳定可靠的电力供应，在提高电力安全保障能力、促进新能源消纳、提高系统运行效率等方面可以发挥重要作用。目前，电储能的成本仍然偏高，技术成熟度和安全性还有待提升，规划运行机理尚未得到充分研究，商业模式和投资收益机制还不健全，制约了更大范围的规模化应用。"十四五"需加快新型储能技术研发和运行机理研究，健全价格收益机制，完善技术标准规范，通过在源、网、荷侧的规模化应用推动成本持续下降。同时，应加快电、热、气等多品种储能的技术研发和协调应用，在不同时间和空间尺度上满足系统调节和电力存储需求，充分发挥多领域综合效益。

四、发挥市场建设和机制创新的支撑保障作用

构建新型电力系统需要加快破解当前面临的市场机制障碍，以完善的市场机制、价格机制作为基础支撑，以体制机制创新作为新型技术和商业模式落地实施的重要保障。

（一）建立完善多交易品种协同的电力市场体系

"十四五"期间，需要着力建立完善中长期交易、现货市场、辅助服务市场相结合的市场体系，形成统一的电力市场交易标准体系。应规范推进电力中长期市场建设，扩大主体范围，丰富交易品种，特别是针对新能源在更大范围开展交易的市场需求，应积极促进新能源与各类电源开展中长期发电权交易，推进跨省区发电权置换，全力为新能源发电提供更大市场空间。应稳妥推进电力现货市场建设，在总结当前试点经验的基础上，鼓励新能源发电优先参与现货市场，积极推动用户侧各类主体参与新能源电力消纳，鼓励跨区域送受两端市场主体直接开展交易，充分发挥市场的主导作用。应全面推进电力辅助服务市场建设，不断丰富调频和备用等辅助服务交易品种，按照谁受益、谁承担的原则，探索建立用户侧参与的分担共享机制，最大化提升电力系统的灵活调节能力。

（二）健全上下游环节价格形成和成本疏导机制

在电源侧，应加快推进上网电价改革，有序放开尚未由市场形成的电价。对于抽水蓄能电站，应保障项目合理收益，引导社会资本积极参与建设。对于新型储能，应支持"新能源＋新型储能"融合商业模式，对于"源网荷储一体化"等以市场化方式消纳的项目，可研究给予电价政策支持。对于

保障电力安全供应的水电、气电、火电、储能等基础支撑性电源，应建立容量成本回收机制，保障健康发展。在电网侧，应深化输配电价改革，强化准许收入监管，理顺输配电价结构，增强输配电价机制的灵活性。对于电网侧独立储能，可建立容量电价机制，并研究将具备替代输配电资产投资、保障电网安全稳定以及应急供电等效益的电网侧储能成本收益纳入输配电价进行疏导。在负荷侧，应积极推动销售电价改革，完善目录销售电价制度和节能环保电价政策，以更加灵活的峰谷电价机制引导各类用户释放灵活用电潜力。

（三）推动市场化、多元化的商业模式创新

通过创新投资收益机制，探索新型商业模式，发挥市场的资源配置决定性作用，可以引领各类市场主体主动参与新型电力系统建设。一方面，要推动新型电力系统投资运营主体多元化，引导电网、电源等各类企业加大投资力度，多途径培育虚拟电厂、需求侧响应等新兴市场主体。另一方面，要鼓励各类社会资本通过市场化合作的方式参与新型电力系统投资建设，鼓励电、气、冷、热等各类项目协同建设运营，鼓励开展上下游产学研用全产业链的市场化合作。对于电源、电网、负荷、储能等一体化规划建设的大型创新示范项目，可以鼓励采用一体化开发运营模式，通过签订多方协议等市场化方式实现各方利益共享、风险共担，充分发挥项目开发运行的集约化、规模化效益。

创新驱动智慧能源发展，助力智能城市建设

一、新发展阶段能源创新发展面临的新形势

（一）"双碳目标"加速能源转型进程

习近平主席在第七十五届联合国大会一般性辩论上提出中国将提高国家自主贡献力度，采取更加有力的政策和措施，二氧化碳排放力争于 2030 年前达到峰值，努力争取 2060 年前实现碳中和。"双碳目标"的提出加速了我国能源向清洁低碳转型进程，以风电、光伏为主的新能源发展将进一步提速，推动构建以新能源为主体的新型电力系统。

（二）新型城镇化为城市发展指明方向

习近平总书记在《国家中长期经济社会发展战略若干重大问题》中强调，要坚持以人民为中心的发展思想，打造宜居城市、韧性城市、智能城市。现代科技为城市建设赋予更多智慧属性，提升城市治理效能，构建方便快捷的城市生活体系，打造"智能城市"，切实提高城市的创新力、承载力和应变力。

（三）数字革命与新基建创造了新机遇

第四次工业革命正向经济社会各领域全面渗透，引领生产方式和经营管理模式变革。国家在能源革命、数字中国、数字经济等方面作出一系列重大决策部署，积极推进数字产业化、产业数字化，促进数字经济与实体经济深度融合。新基建是促进城市转型升级的重要抓手，以 5G 网络、IDC、充电桩、物联网等建设为重点，将使传统产业与新兴产业孕育出联动效应，促进智能制造、生产性服务业等蓬勃发展。

二、智慧能源点亮智能城市

智能城市是运用物联网、云计算、大数据、空间地理信息集成等新一代信息技术，促进城市规

划、建设、管理和服务智慧化的新理念和新模式，对加快工业化、信息化、城镇化、农业现代化融合，以及提升城市可持续发展能力具有重要意义。自 2012 年国家启动智慧城市试点工作以来，相关试点城市已经超过 700 个。近年来，国家密集出台多项政策指导支持城市高质量发展，新基建驱动多种新型技术广泛融合应用于智能城市建设，数据的要素属性的充分发挥将进一步推动城市数字化、智能化提升。

智慧能源应用先进信息通信技术，对煤、油、气、可再生能源和电热冷等各类能源在生产、运输、储存、消费和服务的全过程赋能，让能源系统更加智慧、灵活、低碳、融合，是一种能源发展的新形态。智慧能源的主要特征体现为清洁、安全、智慧、高效、互联、经济等六个方面，发展智慧能源是构建清洁低碳、安全高效的现代能源体系的重要途径，助力新型城镇化和智能城市建设。

进入新发展阶段，要充分发挥智慧能源作为智能城市重要基础设施的定位优势，将智慧能源与智能城市建设融合，实现能源与城市的高质量协同发展。

三、智慧能源与智能城市融合发展路径

以智慧能源为基础，与智慧交通、智慧物流、智慧建筑等物理基础设施，以及 5G、物联网、大数据、区块链等信息基础设施深度融合，逐步延伸至城市的各个角落，实现城市的低碳、感知、互联、便捷、可信。

（一）智慧能源与多种能源融合，构建"低碳"城市

打造多元的城市能源结构，发挥智慧能源平台优势，充分利用新能源、地热、余热、生物质、多联供等多种方式，实现综合供能和清洁用能。构建城市多能源品种的综合智能管理平台，利用柔性负荷调节、能源梯级利用、生产工艺优化等，对能源生产消费进行综合优化，实现能源全品种横向"多能互补"，纵向"源网荷储"协调优化，打造低碳、可靠、高效的城市能源生态系统。

（二）智慧能源与 5G、物联网融合，构建"感知"城市

实现物联网与能源基础设施的深度融合，将 5G 基站、视频监控、环境感知等物联设施与路灯、杆塔、充电桩等能源基础设施融合，拓展公共广播、便民信息查询、WIFI 等应用，提高城市的全面感知能力。全面支撑 5G 建设及应用创新，充分利用 5G 通信技术大宽带、广连接、低时延等特点，形成城市数字化的神经网络；加强 5G 通信技术在智能电网、能源计量、智能巡检、智慧工地等场景的应用，

支撑"感知"城市构建。

（三）智慧能源与智慧交通、物流融合，构建"互联"城市

打造智慧绿色的交通体系，开展港口岸电、机场油改电等交通电能替代，加快EV充换电设施部署，完善车联网平台，支撑车网高效互动。创新智慧绿色出行服务，拓展网约车、分时租赁车和乘用车等新服务业态。创新多站融合模式，推动充电桩、IDC、5G基站、储能站等多站功能融合，创新能源、业务、数据于一体的商业模式。将充换电站、变电站、加油站等与综合物流服务场站布点结合，提供EV充电、停车、租赁等综合物流服务。构建城市绿色物流平台，利用云技术实现运单撮合、货源定位、能量补给、便捷租车等服务，助力绿色智能物流体系建设。

（四）智慧能源与智慧建筑融合，构建"便捷"城市

创新建筑能源一体化设计，将建筑的产能、节能、供能、用能深度融入建筑设计环节，采用屋顶光伏、地源热泵、多联供等实现建筑的智慧化供能；合理选择储电、储氢、储热、储冷等方式，实现能源在多时空维度的优化；推动建筑能源优化管理，支撑安全、高效、智慧用能。推广水、电、燃气的智能采集和集抄，提供便捷查询、联合账单发布、自助缴费、"用电行为画像"定制化服务等；推动"四网融合"应用推广，实现电话线、有线电视线、互联网线及电线等集约创新。发展智能家居，应用家庭能源管理系统，实现屋顶光伏、户用储能、家电控制、环境质量等综合管理。

（五）智慧能源与大数据、区块链融合，构建"可信"城市

充分发挥能源电力数据覆盖面广、颗粒度细、实时性强等特点，为政府决策提供支持。全面采集各行业用电用能信息，挖掘用能数据与一致指数、先行指数等宏观经济指标之间的关联性，研究能源消费与就业、经济走势、通货膨胀等关系；分析不同区域、行业、用户负荷特性和能耗特性，支撑电价机制、能效补贴、新能源补贴、EV补贴等政策制定。基于用户长期用能记录、缴费能力等数据，建立用户信用评级指标和标准，开展用户征信评估，并为银行、证券、互联网等信用评估提供支撑。

四、相关建议

（一）创新多样化商业合作模式

鼓励共建共享共赢模式创新。推动能源与建筑、交通、通信、工业等领域融合创新，鼓励各领域在基础设施共建、资源共享、服务融合等方面的合作共赢。推动智慧能源投融资模式创新。鼓励发售一体化、售配一体化、发售配一体化等投资运营模式创新，加强与金融领域合作，支持能源资源、设备、服务、应用的资本化、证券化。创新综合智慧能源服务模式。鼓励定制化能源套餐产品创新，提供差异化的能源商品服务，开展灵活用能、能效管理、节能服务、数据价值挖掘等新业务以提供增值服务。

（二）推动体制机制适应性完善

加快构建有效竞争的能源市场结构和市场体系。推动能源市场化改革，加快电力现货市场、碳排放权交易市场、分布式能源交易等市场体系建设，逐步消除市场准入壁垒，引入多元的参与主体，提升能源市场活力。完善能源行业信用体系。借助区块链、大数据等先进的信息技术，强化在能源市场监管、碳排放及污染物排放等监管，逐步完善能源行业信用体系。完善能源数据资产管理体制机制。推动各能源行业落实能源数据的管理责任，完善能源数据管理组织体系，推动能源行业之间数据信息开放共享。

（三）构建国际领先的标准体系

完善智慧能源技术标准体系。制定智慧能源的通用标准、与智慧城市和智慧交通等相协调的跨行业公用标准，推动相关标准的国际化推广，提高国际影响力。完善智慧能源质量认证体系。建立全面、先进、涵盖智慧能源相关产业的产品检测与质量认证平台；建立国家智慧能源质量认证平台检测数据共享机制；鼓励建设智慧能源企业与产品数据库，定期发布测试数据；建立健全检测方法和评价体系，引导产业健康发展。